VOIAGES
HISTORIQUES
DE
L'EUROPE

CONTENANT L'ORIGINE, la Religion, les Mœurs, les Coûtumes & les forces de tous les peuples qui l'habitent, & une Relation exacte de tout ce que chaque Païs renferme de plus digne de la curiofité d'un Voiageur.

VOIAGES HISTORIQUES DE L'EUROPE,

TOME III.

Qui comprend tout ce qu'il y a de plus curieux en Italie.

A PARIS,

Chez NICOLAS LE GRAS, dans la grand' Salle du Palais, au troisiéme pillier, à l'L couronnée.

M. DC. XCIII.

AVEC PRIVILEGE DV ROY.

A
MONSEIGNEUR
DE COLBERT,
CHEVALIER MARQUIS
DE CROISSI,
Conseiller du Roi en tous
ses Conseils, Président à
Mortier au Parlement de
Paris,
MINISTRE ET SECRETAIRE
D'ETAT.

MONSEIGNEUR,

L'Approbation que Vôtre Grandeur a eu la bon-

ã iiij

EPITRE.

té de donner au second volume de cet Ouvrage, n'a pas peu contribué à celle qu'il a receuë du public; (a) comme ce n'est pas là seule marque qu'elle m'ait donnée de sa bienveillance, j'espere, MONSEIGNEUR, que vous me permettrez de mettre celui-ci sous la protection de V. G. Si mon peu de capacité n'a pas répondu au zele que j'avois de le rendre digne de son Protecteur, il ne laissera pas d'être une marque publique de la

EPITRE

juste reconnoissance que je dois à toutes vos bontez. Je ne m'étendrai pas, Monseigneur, sur les services signalez que vôtre famille a rendus à la Monarchie Françoise en tant de rencontres, parce que cette matiere est trop feconde pour trouver place ici: Il faudroit pour cela remonter jusqu'à cet Illustre Chevalier RICHARD COLBERT, dont le Tombeau se voit encore dans l'Eglise des Cordeliers à Reims, qui dans le douziéme siécle,

EPITRE.

vint exprés d'Ecosse en France; afin (pour ainsi dire) de jetter les fondemens de cet attachement inviolable au service de nos Rois, que ses Successeurs ont fait paroître du depuis: Je me contenterai de dire que le Roi, dont le juste discernement lui fait connoître les divers degrez de merite de tous ses sujets, qui ont l'honneur d'approcher de sa personne Sacrée, a obligé SA MAJESTE' d'employer V. G. dans les ne-

EPITRE.

gociations les plus difficiles : Vos Ambassades en Angleterre, en Baviere & dans les autres Cours étrangeres en font foi, & sur tout celles d'Aix-la-Chapelle & de Nimegue, où V. G. contribua beaucoup à la conclusion de la paix que le Roy donna à toute l'Europe. L'Heureux succés dont ces grands emplois ont toûjours été suivis, ne vous ont pas seulement acquis l'amour & le respect des véritables François; mais aussi l'esti-

EPITRE.

me & la veneration des étrangers : je puis rendre ce témoignage au public, MONSEIGNEUR, aprés leur avoir entendu (pendant que j'ai été parmi eux) loüer tres-souvent les lumieres de vôtre Esprit, la sagesse de vos Conseils, & le zele plein d'attachement de V. G. pour le service du Roi. J'en pourrois rapporter quelques particularitez assez fortes, si je ne craignois de blesser vôtre modestie, MONSEIGNEUR,

EPITRE.

& si la Renommée n'avoit suffisament publié, la part que vous avez à la gloire que cette Monarchie acquiert chaque jour. Mais pour ne pas sortir des bornes de la briéveté, & de la moderation que vous prescrivez, MONSEIGNEUR, à ceux qui, comme moi, mettent leurs Ouvrages & leurs personnes sous vôtre protection, je ne ferai que chercher les occasions de meriter par mes tres-humbles respects & par mes servi-

EPITRE.

ces, la qualité que j'ose prendre.

MONSEIGNEUR,

DE VÔTRE GRANDEUR,

Le tres-humble, tres-obeïssant
& tres-obligé serviteur.

C. JORDAN.

AVIS
AU LECTEUR.

BIEN que plusieurs Autheurs aient déja écrit sur la matiere que je traite dans ce *Voiage d'I-talie*: cela n'a pas été capable de me faire tomber la plume de la main; mais aprés avoir profité de leurs lumieres, & évi-

AVIS

té leurs défauts autant qu'il m'a été poffible, j'ai tâché de répondre le mieux que j'ai pû, à l'attente de ceux qui a‑prés la lecture du Voiage d'Efpagne & de Por‑tugal, que comprend le fecond volume de cet Ouvrage, ont defiré ce‑lui‑ci avec empreffe‑ment: Ils y trouveront outre l'agrément de la nouveauté, une infinité de remarques tres‑cu‑rieufes, qui n'ont jamais été mifes fous la pref‑fe, dont quelques‑unes

m'ont

AU LECTEUR.

m'ont été fournies par son A. E. Monseigneur le Cardinal de ****. & par Monsieur le Chevalier de **** qui par ses emplois & le long séjour, qu'il a fait en diverses Cours d'Italie, en a acquis une connoissance parfaite.

Cet Ouvrage étoit sous la presse, lors que nous avons reçû à Paris, la triste nouvelle du tremblement de terre, qui a presque bouleversé toute la Sicile, & pour n'en pas retarder l'im-

é

AVIS

preſſion, que le Libraire preſſoit fort, j'ai mieux aimé ajoûter ce que l'on trouvera à la fin du Chapitre XIII. que de réformer tout l'article, d'autant plus qu'on ne peut pas ſçavoir ſur les premiers avis, toutes les circonſtances des changemens, que ce terrible évenement a cauſez dans cette Iſle.

Il eſt encore bon d'avertir le Lecteur, qu'on vient de faire une ſeconde Edition du premier

AU LECTEUR.

volume de cet Ouvrage, contenant le Voiage de France, augmenté de beaucoup de remarques tres-curieuses.

Le quatriéme Volume comprendra l'Angleterre, l'Ecosse & l'Irlande, & paroîtra dans peu.

TABLE
DES CHAPITRES
de ce Volume.

Chapit. I. *DE l'Italie en général.* page 1

Chap. II. *Des Etats du Duc de Savoie.* 20

Chap. III. *De l'Etat de Milan.* 38

Chap. IV. *De l'Etat de la République de Genes.* 53

Chap. V. *Des Etats des*

TABLE

Ducs de Parme & de Modene. 102

Chap. VI. Des Etats du Duc de Mantouë. 109

Chap. VII. De l'Etat & République de Venise. 116

Chap. VIII. Des Républiques de Luques & de Saint Marin. 155

Chap. IX. De la Toscane. 160

Chap. X. De l'Etat Ecclesiastique. 182

Chap. XI De la Ville de Rome & de tout ce qu'elle renferme de curieux. 208

DES CHAP.

Chap. XII. *Du Roïaume de Naples.* 282

Chap. XIII. *Des Isles & Roïaumes de Sicile & Sardaigne.* 322

Chap. XIV. *De l'Isle de Corse.* 347

Fin de la Table.

EXTRAIT DU PRIVILEGE du Roi.

PAr grace & privilege du Roi, donné à Paris le 10. Aouſt 1692. ſigné par le Roi en ſon Conſeil PETIT, & ſcellé; Il eſt permis au Sieur CLAUDE JORDAN, de faire imprimer un Livre intitulé *Voiages hiſtoriques de l'Europe*, par lui compoſé, en autant de volumes qu'il jugera à propos, pour le tems & eſpace de huit années, à compter du jour que chaque volume ſera achevé d'imprimer; faiſant Sa Majeſté défenſes à tous Imprimeurs, Libraires & autres, de contrefaire ledit Livre, ni même d'en vendre de contrefaits, ni d'impreſſion étrangere, à peine de trois mille livres d'amande, confiſcation des exemplaires contrefaits, & de tous dépens, dommages & interêts, ainsi qu'il est porté plus au long par ledit Privilege.

Regiſtré ſur le Livre de la Communauté des Libraires & Imprimeurs de Paris, le 12. Aouſt 1692. Signé, P. AUBOUYN, *Syndic.*

Ledit Sieur JORDAN a cedé son droit de Privilege à NICOLAS LE GRAS, Marchand Libraire; suivant l'accord fait entre-eux.

Achevé d'imprimer ce volume pour la premiere fois, le 7. Avril 1693.

Les Exemplaires ont été fournis.

VOIAGES
HISTORIQUES
DE
L'EUROPE
ITALIE.

CHAPITRE PREMIER.
De l'Italie en general.

Uoi-que plus de quatre-vingts Auteurs aient écrit de l'Italie, nous ne pouvons pourtant pas sçavoir d'où elle a tiré son nom; les

Son nom

Tome III. A

ITALIE.

uns veulent que ce soit des Bœufs ou Taureaux dont elle faisoit autrefois de grandes nourritures, & que les anciens Grecs appelloient *Itali*, & d'autres croient que le Roi Italus lui avoit donné ce nom. Elle avoit autrefois porté les noms de Saturnie, d'Ausonie, d'Oenotrie & d'Hesperie, qu'elle avoit reçû des Princes & grands Capitaines qui y ont regné en divers tems.

Situation

Cette partie de l'Europe, est située au milieu de la Zone temperée, entre le vingt-huitiéme degré & demi, & le quarante-deuxiéme & demi de longitude; & sa latitude est depuis le trente-septiéme degré & demi, jusqu'au quarante-sixiéme & demi,

Elle a pour bornes au Septentrion, une chaîne de Montagnes qu'on nomme les Alpes, qui la séparent de l'Allemagne & de la Suisse ; au Couchant elle a aussi les Alpes avec la riviere de Var, qui la séparent de la France, & de la Savoye : la Mer Mediterranée, dite autrement la Mer Adriatique, ou Golfe de Venise, la borne au Levant ; & au Midi, la Mer Tiriene, ou de Toscane. Elle a dans sa plus grande longueur, à prendre depuis la frontiere de Savoye jusqu'à l'extremité du Royaume de Naples, environ deux cent quatre-vingt lieuës de France, ou quatre cent cinquante mille d'Italie ; mais sa largeur n'est pas égale, ayant quelquefois

ITALIE

Ses bornes.

ITALIE trente, quarante, soixante, quatre-vingts, & cent lieuës de France, parce qu'elle a la forme d'une botte, qui semble donner un coup de pied à la Sicile, pour la pousser en Afrique.

Sa division.
La plûpart des Geographes divisent l'Italie en quatre parties; la premiere comprend l'ancienne Lombardie, où sont situez les Etats des Ducs de Savoye, de Mantouë, de Parme, de Modene, le Milanez, les Républiques de Venise, de Genes, & quelques autres petites Principautez. La seconde renferme l'Etat Ecclesiastique, & la Toscane. La troisiême, le Royaume de Naples; & la quatriême, les Isles de Sicile, de Sardaigne, de Corse, &c.

L'air est fort sain, & fort temperé dans toute l'Italie, excepté dans l'Etat de l'E- glise, où certaines fiévres malignes font souvent du desordre, & y en faisoient bien davantage, avant qu'on y usât de glace en Eté, pour rafraîchir la boisson.

ITALIE
Son air.

L'Italie produit en abondance tout ce qui est necessaire à la vie ; comme du bled, de l'huile, des oranges, citrons, grenades, & toute sorte de fruits & de fleurs. On trouve du sucre & du cotton dans le Royaume de Naples, & on y nourrit beaucoup de vers à soye, de fort bons chevaux, & des buffles. On rencontre dans ses Montagnes des mines de soulfre, & quelques-unes d'or, d'ar-

Fertilité.

gent, de fer, & quantité de carrieres d'albâtre, & de toute sorte de marbres.

Ses Rivieres. Ses Rivieres, dont les principales sont le Pô, l'Adige, l'Adde, l'Arne, & le Tibre, ne contribuent pas peu à sa fertilité, qui la fait surnommer le Jardin de l'Europe;

Ses Montagnes. ses plus hautes Montagnes sont les Alpes, l'Apennin, qui coupe l'Italie dans toute sa longueur, Monte-Masso, Mont-Barboro, Mont-Vesuve, & le Mont-Gibel en Sicile.

Des Mœurs. On dit que les Italiens sont tout méchans, ou tout gens de bien; les peuples en general sont polis, obligeans, adroits, prudens, ingenieux, subtils, éloquens, politiques, & ne manquent pas de valeur

lors qu'ils ont une fois fran- ITALIE.
chi certaine retenuë, qui leur
a souvent fait donner l'épi-
thete de poltrons. A ces
bonnes qualitez, on en joint
quelques mauvaises, aus-
quelles ils sont un peu trop
enclins ; comme jaloux,
promts à promettre, & tardifs
à tenir leur parole: & sur-tout
si vindicatifs, que le desir de
se vanger est hereditaire dans
leurs familles.

La Langue Italienne est bâ- La Lan-
tarde de l'ancienne Latine, gue.
que les Gots, les Huns, les
Vandales, les Lombards, &
les autres peuples qui ont
habité l'Italie, ont fort cor-
rompuë: on ne la parle pas
également bien par-tout, elle
est plus polie en Toscane
qu'ailleurs; mais comme les

A iiij

ITALIE Toscans n'ont pas l'accent si délicat que les Romains, les Iliens disent ce Proverbe, *Lingua Toscana, in bocca Romana.*; & on remarque que les Florentins parlent du gosier, les Venitiens du palais, les Napolitains des dents, & les Genois des lévres.

La Religion. La Religion Catholique, Apostolique, & Romaine, est la seule permise dans tous les Etats d'Italie, où pour sa sûreté on a érigé plusieurs Tribunaux d'Inquisition. Ce n'est pas qu'on ne trouve beaucoup de Lutheriens & de Calvinistes établis dans les Places maritimes, qui y sont attirez par le commerce : mais bien-que les Magistrats sçachent qu'ils sont separez de l'Eglise Catholique, il est de leur interest de n'estre pas connus pour tels par le peuple. Les Juifs y sont beaucoup plus libres, & ont des Sinagogues même dans Rome, moyennant un tribut annuel. Il y a aussi des Grecs, & des Armeniens dans quelques Villes, qui y font l'Office selon les coûtumes de leur païs.

ITALIE.

L'Histoire nous apprend qu'aprés la fondation de Rome, l'Italie fut gouvernée par des Rois pendant 245. ans, & que Tarquin le Superbe fut le dernier de ses Rois : que la République Romaine se forma ensuite, qui sous la conduite de ses Consuls & de ses Senateurs, acquit une gloire immortelle, tant par sa politique, que par une infinité de victoires qu'elle remporta

Du Gouvernement.

ITALIE. sur ses ennemis. Cette République dura jusqu'en 706. de Rome, que Jules César fut proclamé Empereur, & qui étendit l'Empire Romain dans les trois parties du Monde connuës en ce temps-là ; car l'Amerique n'avoit pas encore esté découverte. Aprés que cét Empire eut monté au plus haut période de sa grandeur, il déclina de telle maniere, qu'il nous a laissé un exemple memorable que toutes les grandeurs de la terre sont perissables. Ce redoutable Empire étant tombé en décadence, il fut démembré sous le Régne d'Honorius, qui mourut l'an 423. de nôtre salut, & le 1176. de la fondation de Rome.

L'Italie tomba ensuite en

.tre les mains des Empereurs de Constantinople, qui y envoïoient de Viceroisou Gouverneurs sous le nom d'Exarques, qui tenoient leur Cour à Ravenes, mais ce Gouvernement qui commença en 568. de Jesus-Christ, ne dura que 184. ans, que ces Exarques furent chassez par le Roi de Lombardie. Les Empereurs d'Occident conquirent ensuite l'Italie; & le Royaume de Lombardie fut éteint en 774. par Charlemagne, qui fit de grands presens au Saint Siége : ce Monarque, & les Rois de France ses successeurs, estant les seuls qui ont élevé la puissance temporelle du Pape, au point où nous la voyons.

Cette partie de l'Europe est

ITALIE aujourd'hui partagée entre plusieurs Potentats : sçavoir,

Princes qui l'a possedent
le Pape pour les États de l'Eglise ; le Roi d'Espagne, qui est de la Maison d'Autriche, de la branche de Bourgogne, y possede les Royaumes de Naples, & de Sicile, l'Etat de Milan, & l'Isle de Sardaigne : ces deux Puissances, sont les plus considerables de l'Italie ; les autres principales sont,

La République de Venise.
La République de Genes.
La République de Luques.
Le Grand Duc de Toscane, de la Maison de Medicis.
Le Duc de Savoye, de la Maison de Saxe.
Le Duc de Mantouë, de la Maison de Gonzague.
Le Duc de Parme, de la

Maison de Farneze.
Le Duc de Modene, de la Maison d'Este.

Il y a encore beaucoup d'autres Princes Souverains, qui ont droit de vie & de mort sur leurs Sujets, qui peuvent faire la Guerre, ou la Paix, battre Monnoïe d'or ou d'argent : mais qui par le peu d'étenduë de leurs Etats, sont appellez les petits Princes d'Italie ; de ce rang sont,

La République de Saint Marin.

L'Evêque de Trente.
Le Duc de Guastala.
Le Duc de Sabionette.
Le Comte de Novelare.
Le Prince de Bozolo.
Le Duc de la Mirandola.
Le Prince de Monaco.
Le Prince de Massera.

Le Prince de Piombino.

Le Duc de Bracciano & plusieurs autres.

Tous les Etats de ces Puissances relevent ou de l'Eglise, ou de l'Empire en Allemagne : si ce n'est les Etats du Pape, & ceux de Venise, qui sont indépendans. Il est à remarquer que les Etats qui relevent de l'Eglise lui sont dévolus, si les Proprietaires viennent à mourir sans enfans mâles, les filles estant frustrées de la succession de leurs peres.

On compte soixante-huit Principautez en Italie, quatre-vingt-quinze Duchez, une infinité d'Archevêchez & Evêchez, & quantité d'Universitez ; dont les plus fameuses sont celles de Padouë,

de Venise, de Turin, de Pa- ITALIE.
vie, de Sienne, de Pise, de
Boulogne, de Rome, de Ferrare, de Fermo, de Mace-
rata, de Salerne & de Naples.

 Les principales Villes d'I- Grosses
talie sont Rome, qui en est la Villes.
Capitale, surnommée la sain-
te; ensuite on met Naples la
noble, Florence la belle, Genes la superbe, Milan la grande, Ravene l'ancienne, Venise la riche, Padouë la docte,
& Boulogne la grasse.

 Il me reste à parler de quelques coûtumes qui sont ge-
nerales à l'Italie, aprés quoi
je passerai au détail de ce que
chaque Etat renferme de curieux. Comme les côtes d'I- Precau-
talie sur la Mediterranée sont tion con-
souvent infestées des Corsai- tre les
res de Barbarie, qui y font Corsaires

ITALIE des descentes, & enlevent les habitans de la campagne avec leurs meilleurs effets; on a construit le long de cette côte de petits Forts de mille en mille pas, principalement sur la riviere de Genes, & sur les côtes de Naples, & de Sicile, où l'on met six hommes de garnison, avec deux pieces de canon pour empêcher les descentes. Ces gardes allument toutes les nuits sur les montagnes voisines, un ou deux feux: lors qu'il n'y en a qu'un, ils l'appellent *feu d'asseurance*, parce que c'est une marque que l'on n'a point vû parôitre de brigantin Turc pendant la journée; mais lors qu'ils en allument deux à quelques pas l'un de l'autre, c'est un avertissement

de l'Europe. 17

tiſſement aux habitans de ſe tenir ſur leurs gardes, & qu'on a vû quelques Corſaires cherchant à mettre pied à terre; ils les appellent *feux de défiance*.

Les Italiens ne comptent pas les heures comme les autres peuples de l'Europe; ils ſe reglent au Soleil couchant, & pour lors ils ont vingt-quatre heures : ils commencent à compter la premiere à l'entrée de la nuit, ainſi l'heure de midi & de minuit hauſſe & baiſſe ſelon les ſaiſons. Par exemple, le douziéme jour d'Août à l'heure que nous comptons midi en France, les Italiens comptent dix-ſept heures, & vingt-quatre lors que le ſoleil diſparoît. Ils entretiennent un homme à

ITALIE.

Maniere de compter les heures.

18 *Voiages historiques*

ITALIE. leurs principaux horloges*, qui lors que l'heure a sonné, prend un marteau, & donne autant de coups contre la même cloche comme il a sonné d'heures, afin que si quelqu'un s'étoit mépris en les comptant la premiere fois il puisse les recompter.

Des vols. C'est encore une coûtume assez generale d'être vôlé en chemin, sur tout proche des Villes où il y a garnison ; mais cette coûtume est beaucoup plus usitée dans les Etats qui obeïssent au Roi d'Espagne : il ne faut pas beaucoup se fier aux escortes qu'on donne à ceux qui les demandent, parce que ces gardes partagent souvent le butin avec les voleurs, qui pour la plûpart se déguisent en pelerins ou en hermites. ITALIE.

Les femmes.

Les femmes ni les filles ne sortent presque jamais que pour aller à l'Eglise, accompagnées de quelque espion que les peres ou les maris jaloux leur donnent. Ce sexe ne paroît point dans les boutiques ni dans les marchez, pour la vente des marchandises ou des denrées, les hommes font tout ce commerce; les mariages s'y font otdinairement par Procureur, & souvent la premiere entreveuë des mariez se fait devant le Prêtre au moment qu'il les épouse. Lors qu'on celebre la Messe en Italie, il n'y a que les hommes qui se levent à l'Evangile.

J'aurois beaucoup d'autres choses à dire de l'Italie en ge-

B ij

20 *Voiages historiques*

ITALIE. neral ; mais je me referve d'en parler dans les articles particuliers de chaque Etat, où elles auront plus de rapport

Chapitre II.

Des Etats du Duc de Savoie.

Des Ducs de Savoie. LEs Ducs de Savoies defcendent de la Maifon de Saxe, une des plus anciennes & des plus illuftres d'Allemagne : il y a plus de mille ans qu'ils poffedent le Piémont & la Savoie en fouveraineté ; il eft forti de cette famille cinq Empereurs & quatre Rois. Le Duc de Savoie porte une couronne fermée fur fes armes, depuis que Charlotte de Lufignan Reine de Jerufalem, de Cypre &

ITALIE.

d'Arménie, étant chassée de son Royaume par son frere bâtard, & s'étant refugiée à Rome sous le Pontificat de Sixte IV. où elle mourut en 1487. donna à Charles Duc de Savoie son neveu, en presence du Pape & de plusieurs Cardinaux, toutes ses pretentions sur le Royaume de Cypre; cependant il n'est pas traité de Majesté, mais seulement d'Altesse Royale, & de Vicaire perpetuel du Saint Empire en Italie.

Ses forces & son revenu.

Le Duc de Savoie pourroit armer dans une necessité trente mille homme de pied & cinq mille chevaux : il a de revenu fixe en tems de paix, six millions quatre-vingt-dix-huit mille livres de Piémont; mais la livre ne valant que quinze sols de France, cette somme ne fait que quatre millions cinq cens soixante-trois mille six cent livres de nôtre monoye. Ses veritables interêts sont de demeurer attaché inviolablement à la France, sans se broüiller avec l'Espagne; & jamais Duc de Savoie ne s'est bien trouvé de rompre avec cette premiere Couronne. Victor Amedée qui regne aujourd'hui, n'a guéres connu ses veritables interêts, lorsqu'il est entré dans la Ligue d'Ausbourg avec les ennemis du Roi Tres-Chrétien; & la perte qu'il a fait de plus de la moitié de ses Etats, lui est une preuve indubitable que la Maison d'Autriche & le Prince d'Orange l'ont trompé, lors qu'ils l'ont flaté de la conquête du Dauphiné & de la Provence.

ITALIE.

Quoique le Duc de Savoie fasse battre des pistoles, des ducatons, des pieces de six sols & d'autres menuës monoyes, les especes de France & d'Espagne ne laissent pas d'y avoir cours ; l'écu de France y vaut soixante-douze sols, & les autres especes à proportion. On ne parle presqu'en Piemont que de florins, qui sont une monoye chimerique comme nos livres de France ; le florin n'y vaut que douze sols, & le ducaton y vaut quatre-vingt-quatre sols.

Ses monoyes.

A l'égard des mœurs des Savoiards & Piémontois, la Noblesse a toutes les qualitez

Mœurs.

ITALIE. requises aux personnes de ce rang; les peuples y sont laborieux & d'un naturel fort doux, ménagers, sobres, & capables de supporter toute sorte de fatigues; mais ils n'aiment pas la guerre.

Religion. Les Ducs de Savoie ônt toûjours paru fort zelez pour la Religion Catholique : ce qui les a souvent portez d'employer la force qu'ils avoient en main, pour obliger leurs sujets des Valées, qu'on nomme Vaudois ou Barbets, de rentrer dans le giron de l'Eglise, dont ils s'étoient separez dans le dernier siecle. Le Duc d'aujourd'hui est le seul qui en étoit venu à bout, ayant obligé les plus obstinez dans leur Religion, d'évacuer ses Etats, & de se retirer en Suisse

&

& en Allemagne ; mais deux ans aprés, je veux dire en 1689. il les rappella pour s'en servir à la guerre contre la France, & leur permit le libre exercice de leur Religion.

Le Gouvernement des E-tats de-Savoie est purement Monarchique; la Loi Salique y est reçûë aussi-bien qu'en France, car les filles n'y heritent pas de la Souveraineté : faute d'enfans mâles, elle appartient au plus proche parent du Duc en ligne masculine.

La Savoie fut érigée en Duché par l'Empereur Sigismond en 1417. en faveur d'Amedée VIII. Comte de Savoie. Quoi-que le païs soit presque tout occupé de montagnes, il ne laisse pas d'avoir des

ITALIE valées fort fertiles. Ses principales Villes sont Chamberi, Nice & Villefranche ; mais les armes victorieuses de Loüis le Grand viennent de les ranger sous sa domination avec le reste de la Province,

Ses bornes. qui se trouve bornée au Septentrion par le Rhône & le Lac de Genéve ; à l'Orient par la Suisse & le Piémont, au Midi par le Dauphiné, & à l'Occident par le Rhône, qui la sepáre de la Bresse & de la Bourgogne.

Piémont — Le Piémont est une autre Province des Etats de Savoie, ainsi appellée de sa situation au pied des Alpes; les fils aînez du Duc de Savoie portent le nom de Princes de Piémont. Cette Province est beaucoup plus fertile que la Savoie. Le

Milanez & le Montferrat la bornent au Levant, la République de Genes & la Comté de Nice au Midi, la Savoie & le Dauphiné au Couchant, & le Velais au Septentrion.

ITALIE

Turin n'est pas seulement la Capitale du Piémont, mais aussi de tous les Etats du Prince qui y tient sa Cour. Sa situation est dans une plaine fertile, entre les rivieres du Pô & de Doire. Elle est défenduë par une citadelle de cinq bons bastions, qui se trouve munie de tout ce qui est necessaire à sa défense; cependant les François ne laisserent pas de s'en rendre maîtres en 1640. avec une armée beaucoup moins nombreuse que celle des Espagnols qui la défendoit. Pen-

Turin.

dant le siege les Espagnols y jetterent souvent de la poudre, des lettres, &c. à la faveur d'un mortier de l'invention d'un Flamand, qui fut à ce sujet nommé le *Canon courier*.

La Ville de Turin est ornée d'un Archevêché & d'une Université pour toutes les Sciences, & se vante d'être la premiere Ville d'Italie qui s'est servie de l'Imprimerie. Ce qu'il y a à Turin de plus digne de la curiosité d'un voiageur, consiste en sa citadelle, qui a un puits admirable pour sa grandeur, & pour la commodité qu'il y a d'abreuver quantité de chevaux à la fois sans s'embarasser: car ils montent par un endroit & descendent par l'autre.

Le Palais Ducal est magnifique dans ses ameublemens tant d'hiver que d'été; parmi les raretez qu'on y montre aux étrangers, on voit un petit chariot d'or massif attelé de six chevaux de même métail, couverts de pierreries, & un petit château d'or avec son artillerie & toutes ses fortifications. On y voit aussi une machine, avec laquelle on transporte Madame Roiale de sa chambre dans ses bains, par une seule poulie, à la faveur d'un contrepoids, & cela avec toute la seureté & la facilité imaginable.

L'Eglise Metropolitaine de Turin est tres-superbe: on y conserve un saint Suaire, où la face & partie du Corps de Nôtre-Seigneur sont em-

ITALIE preintes, On asseure que c'est le même où le Sauveur du monde fut envelopé avant d'être mis dans le Sepulcre d'Arimathée, & qu'il fût apporté en Savoie par la fille de Jean Roi de Chipre & de Jerusalem, qui épousa Loüis de Savoie : on montre un pareil saint Suaire à Besançon Capitale de la Franche-Comté.

Tombeau de Clement Marot. Ceux qui auront de la curiosité pour voir le Tombeau de Clement Marot, celebre Poëte & Valet de Chambre du Roi François Premier, le trouveront à Turin : car sa vie déreglée l'aiant fait exiler de la Cour de France, il passa à Genéve, d'où sa mauvaise conduite le fit aussi chasser : il se retira à Turin où il mourut en 1544. âgé d'environ soixante ans. Quoiqu'il ignorât les Langues Hebraïque, Grecque & Latine, il ne laissa pas de mettre une partie des Pseaumes de David en vers François, que les Protestans chantent encore dans leurs Temples en Hollande, en Allemagne & en Suisse ; & quoi-que les habiles d'entr'eux conviennent qu'il a été peu exact, & qu'on a des versions beaucoup meilleures pour le sens & pour la poësie, ils ne laissent pas de preferer celle de Clement Marot, peut-être parce qu'elle fut censurée par la Sorbonne du Regne de François Premier : car en ce tems-là il suffisoit que les Docteurs de l'Eglise Catholique des-

Voiages historiques

ITALIE approuvassent une chose, pour qu'elle fût applaudie par ceux qui venoient de s'en separer. Clement Marot étoit de Cahors en Querci, & aprés sa mort on lui fit l'Epitaphe suivante.

Querci, la Cour, le Piémont, l'Univers,
Me fit, me tint, m'enterra, me connut :
Querci mon los, la Cour tout mon tems eut,
Piémont mes os, & l'Univers mes Vers.

Maisons de plaisance. Son Altesse Roiale de Savoie a plusieurs belles maisons aux environs de Turin, dont les principales sont celles du Parc, du Valentin & de Mille-Fleurs ; mais elles ont beaucoup ressenti les injures de la guerre, auſſi bien que le reſte du Piémont, les amis y aiant encore fait plus de deſordre que les ennemis.

Suze eſt une des principales Villes de Piémont, qu'on nommoit anciennement *Seguſium*, & qui fut une des Colonies de Pompée, qui le premier facilita le paſſage du Mont Genévre : elle a ſouffert diverſes calamitez en pluſieurs rencontres. L'Hiſtoire nous apprend que Conſtantin le Grand la fit piller, & enſuite brûler. Dans un ſecond embraſement qu'y fit faire l'Empereur Frederick Premier dit Barbe-rouſſe, les archives de la Maiſon de Savoie, qu'on y gardoit, furent conſumées : cette Ville eſt encore conſiderable par ſa ſitua-

ITALIE tion, qui ferme un des principaux passages de France en Italie. Les François n'ont pas laissé de le forcer plusieurs fois, principalement au commencement de ce siecle, quoi-que le Duc de Savoie eût fait faire douze baricades dans ces défilez, qui se défendoient les unes les autres ; & de nos jours les armées du Roi ont franchi ce passage, dont elles sont encore en possession cette année 1693. On voit à Suze des beaux restes d'un arc de triomphe, que les uns disent avoir été fait par les Gots, les autres par les Romains, & d'autres sont d'opinion que ce sont les restes des Trophées que l'Empereur Auguste y fit dresser l'an 740. de

la fondation de Rome, qua- ITALIE
torze ans avant la naissance
de Nôtre-Seigneur JESUS-
CHRIST.

Nice est la Capitale du Nice
Comté de même nom, qui
autrefois fut enclavé à la Provence, & qu'Amedée VII.
usurpa sur Jeanne Comtesse
de Provence, dans le tems
qu'elle étoit occupée à pacifier les troubles du Roiaume
de Naples. Pour palier cette
usurpation, les Ducs de Savoie disent que Ioland mere
& tutrice de Loüis III. Comte de Provence & Roi de
Naples, ceda cette Comté à
Amedée de Savoie en 1419.
pour la compensation d'une
somme de cent soixante mille
livres, qu'il pretendoit lui
être dûë par ce Pupil; mais

ITALIE outre que cette somme n'a jamais été dûë, ni suffisante pour faire l'équivalant de cette Comté, Ioland ne pouvoit pas céder les biens de son fils & de son Pupil, quand même les pretentions du Duc auroient été justes. Quoiqu'il en soit, les armes du Roi sous le commandement du Sieur de Catinat, ont conquis ce païs. Ce General se rendit maître des Villes & Citadelles de Nice & de Villefranche, au commencement de l'année 1691. dans le tems que Sa Majesté assiégea en personne & conquit la Ville de Mons Capitale du Haïnaut.

La Ville de Nice fut fondée par les Marsillois qui en firent une de leurs Colonies : elle fut aggrandie des ruïnes de Cemelle, dont l'Evêché fut transferé à Nice. La Ville est fort marchande, on y voit les restes d'un Amphiteatre érigé à l'honneur des Romains, & quelques vestiges du Temple de Pluton & de Junon. Sa Citadelle est bâtie sur un rocher escarpé, & passe pour une des plus fortes de l'Europe. Les Turcs l'assiegerent inutilement en 1543. Son Eglise Cathedrale est dediée à Sainte Reparée.

Comme j'ai parlé dans le Chapitre VI. du premier Volume de mes Voiages, des Villes de Chamberi, Montmelian & Villefranche, qui toutes sont soûmises à la puissance du Roi Tres-Chrétien, & que j'ai fait mention des

Villes de Casal & de Pignerol, qui appartiennent à Sa Majesté, je n'en ferai pas ici une repetition.

CHAPITRE III.

De l'Etat de Milan.

LE Milanez est une Province d'Italie avec titre de Duché, située dans la plus belle contrée de toute la Lombardie. Son terroir est si fertile en bleds, vins & toute sorte de fruits, que la terre y rapporte deux fois l'année. Les chemins sont tous tirez à la ligne avec un canal d'eau vive de chaque côté, qui outre l'embellissement, sert au transport de toutes les marchandises qu'on tire des Etats voisins : la bonté & la fertilité du païs lui procura autrefois beaucoup d'envieux & de cruelles guerres. Ses revenus peuvent monter à deux millions quatre cens mille écus en tems de paix; & on augmente cette somme d'un tiers en tems de guerre. Cet Etat est si peuplé, que dans un besoin il pourroit mettre cinquante mille hommes sur pied ; cependant le Roi d'Espagne est si mal servi, que ses Officiers profitent seuls de ce revenu, & Sa Majesté Catholique est obligée d'y envoier des sommes considerables pour le paiement de vingt mille hommes qu'elle y entretient.

 Outre les monnoies d'Espa-

ITALIE gne & de Genes qui ont cours dans le Milanez, on y bat des philipes, des ducatons, des creusons, des parbayolles & des sezins : une philipe vaut six livres six sols du païs, le ducaton sept livres, le creuson cinq livres dix sols, la parbayolle deux sols & demi ou cinq sezins, qui est une petite piece de cuivre dont il en faut deux pour un sol. La livre du Milanez ne vaut qu'environ dix sols de France.

Milan. Milan Ville Archiepiscopale est la Capitale de ce Duché ; elle fut bâtie par les Gaulois qui s'établirent en Italie, environ l'an 170. de Rome. Les Romains les en chasserent 462. ans aprés. Le païs fut souvent exposé aux courses des Barbares, des

des Gots & des Huns, & fut ITALIE aprés soûmis aux Lombards qui l'ont possedé jusqu'à Charlemagne, qui en fit une portion de son Empire. Peu à peu cette Ville se rendit si puissante, qu'elle commanda à ses voisins, & son orgueil vint à un tel excés, qu'elle se souleva plusieurs fois contre ses Souverains. L'Empereur Frederick Premier fut obligé d'employer la force pour la remettre sous son obéïssance, dont il vint à bout en 1160. & peu aprés l'Imperatrice sa femme étant allée à Milan, le peuple s'y souleva, égorgea la garnison Imperiale, & s'étant saisis de l'Imperatrice, la mirent sur une ânesse la face du côté de la queuë qu'ils lui donnerent

ITALIE au lieu de bride, & la promenerent ainsi par toute la Ville. L'Empereur justement irrité de cette insolence, assiegea la Ville qu'il prit à discretion le troisiéme Mars 1162. il la fit raser à la reserve de trois Eglises ; on mit la charuë par-tout, & on y sema du sel en memoire éternelle de l'opprobre & de l'infamie de ce peuple, qui ne racheta sa vie qu'en tirant une figue avec les dents du fondement de l'ânesse sur laquelle ils avoient mis l'Imperatrice, & ceux qui le refuserent furent passez au fil de l'épée.

Neuf ans aprés la Ville fut rebâtie, & s'accrût peu à peu de telle maniere qu'elle est aujourd'hui surnommée la grande. Le Duché de Milan appartient de droit aux Rois de France, à cause que Jean Galeas premier Duc de Milan, aiant donné sa fille Valentine en mariage à Loüis de France Duc d'Orleans, second fils de Charles V. dit le sage, il fut stipulé dans le Contract, que si ledit Jean Galeas venoit à mourir sans enfans mâles, ou ses enfans sans posterité, le Duché de Milan appartiendroit à Loüis son gendre & à ses descendans. Desorte que Jean-Marie & Philippe-Marie fils de Jean Galeas étant morts sans enfans legitimes, la succession appartenoit sans difficulté à Charles Duc d'Orleans fils de Loüis. Charlesquint n'ignoroit pas cette

ITALIE
Pretentions du Roi de France.

pretention, lors qu'il promit à François Premier Roi de France, de lui en donner l'inveſtiture pour un de ſes fils, à la ſollicitation des Electeurs de l'Empire ; mais profitant de ſes forces & des deſordres où la France ſe trouvoit alors, cet Empereur loin de tenir ſa parole, en donna l'inveſtiture à Philippe II. ſon propre fils ; & c'eſt depuis ce tems-là que les Rois d'Eſpagne poſſedent ce Duché qu'ils gouvernent avec tant d'autorité, qu'on dit communément, que les Gouverneurs du Milanez devorent le peuple, que les Vicerois de Naples le mangent, & que ceux de Sicile le rongent.

On remarque que la Ville de Milan a été aſſiegée quarante fois, prise vingt-deux, qu'elle a vingt-deux portes, y comprenant celles des fauxbourgs, deux cens trente Eglises, quatre-vingt-seize parroisses, & dix mille de circuit. Elle a un Senat composé d'un President & de douze Senateurs, dont trois doivent être Espagnols originaires. Il y a un si grand nombre d'artisans, qu'on dit communément qu'il faudroit ruïner Milan pour accommoder l'Italie. Cette Ville est defenduë par un Château de six bastions Roiaux revêtus de brique, avec des fossez d'eau courante. Il y a trois enceintes differentes capables d'une grosse resistance, & qui le font passer pour une des meilleures forteresses de

ITALIE

Son Château

l'Europe. Son circuit est d'environ un mille ; il renferme des ruës entieres, où toute sorte d'artisans y ont leurs boutiques. Il y a de grands Palais où logent les Officiers, & plusieurs places dans l'une desquelles on peut mettre six mille hommes en bataille. On y voit quatre puits ou fontaines qui ne tarissent jamais, un moulin, plus de deux cens pieces de canon sur les bastions, sans compter ceux qui sont dans l'Arsenal, muni de toute sorte d'armes. On voit dans une salle de ce Château le canon qui tua le Maréchal de Crequi, lors qu'il assiegea Breme, qu'on a couché sur le ventre afin qu'il ne serve plus.

Son Eglise Cathedrale qu'on appelle le Dôme, est la plus grande & la plus superbe de toute l'Italie, si l'on en excepte Saint Pierre de Rome; elle est revétuë de marbre dedans & dehors, soûtenuë de cent soixante colomnes de marbre blanc, que trois hommes ne sçauroient embrasser, & qui sont estimées dix mille écus chacune : elle est ornée de plus de six cens statuës de marbre, dont la moindre a coûté mille écus : celles d'Adam & de Saint Barthelemy sont les plus estimées ; elle a environ deux cens cinquante pas de long. On y montre dans une chasse suspenduë au-dessus du grand Autel, un des clouds qui servirent à attacher Nôtre-Seigneur à la Croix. Dans l'Eglise de Saint Ambroise on voit un serpent d'airain, qu'on asseure être le même que Moïse éleva au desert, que l'Empereur Theodose fit apporter à Milan.

Les étrangers vont voir le grand Hôpital de Milan, considerable par sa grandeur, par sa magnificence, & par l'ordre avec lequel il est bâti & gouverné : il est renté pour quatre mille personnes. Les salles des malades sont bâties en forme de croix, & un Autel ouvert des quatre côtez au milieu, où les malades voient celebrer la Messe de leur lit. Outre cet Hôpital, il y en a encore un autre sur les fossez de la Ville, où il y a autant de chambres

bres que de jours en l'année.

On voit à Milan quelques restes des Arcs de Triomphe, des Bains, & autres Edifices des Romains. L'Eglise de Saint Laurens, bâtie sur le modelle du Pantheon de Rome, a été un Temple d'Hercule. Autrefois les Empereurs étoient couronnez à Milan d'une Couronne de Fer, & à Alexandrie dans la même Province, d'une Couronne de paille.

Les autres Villes de ce Duché sont Come, Cremone, Tortone, Lodi, Novare, Valence, Pavie, &c. qui sont toutes considerables par quelqu'endroit ; mais je ne me suis proposé de parler que de Milan & de Pavie, qui sont les deux principales.

Pavie. Pavie, regulierement fortifiée, est scituée dans une plaine sur la Riviere de Tesin. On voit dans sa Cathedrale un petit Mats de Navire, que le Peuple croit être la Lance de Rolland, Neveu de Charlemagne. Celle de S. Augustin est recommandable par le Tombeau de ce Saint. Dans la grande place il y a une Statuë de Bronze de l'Empereur Constantin, quoique quelques-uns veulent qu'elle soit de l'Empereur Antonin. Elle étoit autrefois à Ravenne, d'où on l'enleva pour la porter à Pavie; & l'Histoire remarque sur ce sujet, que Lautrec General François aiant pris d'assaut cette Ville en 1527. un

Soldat de Ravenne, qui étoit entré le premier, demanda à son General cette Statuë pour récompense, afin de la renvoyer à Ravenne: mais les Habitans plus touchez de cette perte que de celle de leurs biens, qu'on venoit de piller, & de la vie de leurs Compatriotes, firent de si grands cris, qu'ils toucherent enfin le Vainqueur pour leur laisser ce Monument, moyennant une Couronne d'or qu'ils s'obligerent de donner au Soldat. La ville de Pavie est ornée d'une Université de la Fondation de Charlemagne, qui en 774. prit la Ville, & fit prisonnier Didier, dernier Roi des Lombards. En 1525. François premier aiant fait le Sie-

ITALIE ge de Pavie, & envoié partie de son Armée à Naples, Charle-Quint profitant de cette diversion luy donna bataille, & elle fut si funeste à la France que le Roi fut fait prisonnier, & transferé en Espagne. On remarque que cela arriva le jour saint Matthias, jour fortuné pour cet Empereur, car il vint au monde, & reçût la Couronne Imperiale à pareil jour.

CHAPITRE IV.

De la Republique de Genes.

L'Etat de Genes, Fief mouvant de l'Empire, est une petite Republique qui occupe la Côte de la Mediterranée que nous appellons Mer ou Riviere de Genes, & qui étoit autrefois le Païs des anciens Liguriens. Cet Etat porte le nom de la ville Capitale, que quelques-uns veulent avoir tiré le sien de Janus. On le divise aujourd'huy en Riviere de Ponant & Riviere de Levant; ayant pour bornes la Riviere de la Magre au Levant, la Principauté de Mo-

De l'Etat de Genes.

Son nom.

Ses bornes.

naco au couchant: les Montagnes de Piémont & du Milanez au Septentrion, & la Mer Ligustique au Midy.

Ses forces & revenus. Les forces Maritimes de la Republique consistent en six Galeres armées, & deux Vaisseaux de guerre de soixante à soixante-dix pieces de Canon pour la seureté de son commerce: Dans une necessité, elle pourroit mettre trente mille hommes sur pied. Il y a environ soixante-neuf mille Ames dans la ville de Genes, quatre-vingt mille dans le Territoire qu'on connoît sous le nom de Riviere de Levant, & cent treize mille dans celuy de la Riviere de Ponant. Ses revenus vont à douze cents mille écus; mais comme la plûpart se trouve engagé pour les dettes de l'Etat, il ne luy reste que neuf cents cinquante-cinq mille livres, comme je l'ai appris des memoires exacts qu'en a fait une personne, qui par ses emplois avoit une connoissance parfaite des Finances de la Republique.

Les Monnoies frappées au Coin & Armes du Roi d'Espagne, ont cours dans l'Etat de Genes lors qu'elles sont de poids. La Republique fait neanmoins frapper des Pistolles, des Genoises, des Piastres, des Reales, & quelques petites monnoies. La Pistolle d'Espagne y vaut dix-sept livres seize sols, qui font trois Piastres; une Genoise vaut une Piastre & demy: La

ITALIE

Piastre du Perou, qui est du poids de nos écus de France, vaut quatre livres seize sols; ainsi la livre de France vaut trente-deux sols de Genes.

Des mœurs.

Les Genois sont fort experimentez sur Mer; ils ont contribué à toutes les entreprises qui se sont faites pour la conquête de la Terre-Sainte : Ils ont autrefois conquis sur les Infidelles les Royaumes de Corse, de Sardaigne, & de Cypre; comme aussi les Isles de Meteline & de Chio, & se sont vûs les Maîtres des villes de Caffa & de Pera : il est vrai qu'ils sont aujourd'hui dépoüillez de tous ces Païs, à la reserve de l'Isle de Corse, dont ils ne tirent autre avantage qu'une Couronne Roiale fermée sur les Armes de la Republique, & le Titre de Sereniſſime. Les Genois ſont fort ſuperbes & inconſtans; les diverſes ſortes de Gouvernemens qu'ils ont eus en peu d'années, en ſont une preuve inconteſtable. Ils tiennent aujourd'huy beaucoup de l'humeur des Eſpagnols, dont ils ont pris juſqu'à l'habit. Ils ne ſont pas aimez des autres Peuples d'Italie, qui diſent ordinairement, *Gente ſenza fede, Mare ſenza peſce, Monte ſenza legno, & Done ſenza vergogna*, c'eſt-à-dire, Gens ſans foy, Mer ſans poiſſon, Montagne ſans bois, & femme ſans pudeur.

Les Genois different au moins des Eſpagnols, en ce

qu'ils s'adonnent fort au negoce & au travail. Les Gentilshommes font travailler à toute sorte d'étoffes, qu'ils vendent en gros; car il ne leur est pas permis de vendre en détail, ni de tenir boutique. C'est une Coûtume à Genes, que les Parties ne signent jamais les Actes qu'on passe devant un Notaire, qui sont par ce moïen les Maîtres des biens, & de la tranquilité des familles. Les témoins ne signent pas non plus leurs dépositions, & ne sont point confrontez aux accusez. La Noblesse ne peut avoir directement ni indirectement aucune communication particuliere avec les Ministres Etrangers.

Lors qu'un Etranger arrive à Genes, il est obligé de donner son nom à des Commissaires établis, de qui ils reçoivent une permission de rester quatre jours dans la Ville, sans laquelle ils ne seroient pas reçûs dans une Hôtelerie; & il est à remarquer que si l'on n'a le soin d'avoir toûjours cette permission avec soi, & de la faire renouveller au cas qu'on y veüille sejourner plus longtems, on se met en risque d'être arrêté prisonnier par les Sbires, & condamné à cinq pistolles d'amande.

Quant on procede à l'élection des Senateurs, plusieurs personnes mettent de l'argent à ce qu'on appelle le *Seminaire*, comme à une Lotterie; ceux qui ont le bon-

ITALIE heur de deviner qui feront les cinq Senateurs dont les noms sont tirez les premiers d'entre cent vingt d'une Cassette par un petit enfant ; l'argent qu'ils ont mis à cet espece de jeu, multiplie de telle maniere, qu'un homme qui aura hazardé dix pistolles pourra en avoir sept à huit cent : cela arrive rarement ; mais la chose n'est pas sans exemple.

Les Genoises portent des vertugadins à l'Espagnole, & s'embarassent souvent les unes les autres, à cause que les ruës sont fort étroites. Un jour une Dame se servit de son vertugadin pour tirer son fils de prison : Il avoit dix-huit ans, & avoit été condamné à la mort : Sa Mere ayant eu permiſſion de le voir pour lui dire les derniers adieux, elle le mit ſous ſa jupe, qui étoit montée ſur un cercle d'acier au lieu de Baleine, & deux Femmes de Chambre l'aidant à marcher, comme c'eſt la coûtume en Italie, elle vint chez-elle, où elle accoucha ſans Sagefemme, & envoia dés le jour même ſon enfant en nourice à Marſeille. La plûpart des maiſons de Genes ſont bâties avec des terraſſes au deſſus, où les femmes vont faire ſecher leurs cheveux, aprés les avoir lavez afin de les jaunir.

Il n'y a point d'Etat en Europe qui ait ſouffert autant de differens Gouvernemens que celui de Genes. Sans

ITALIE

Ancien Gouvernement.

m'attacher à en faire un dénombrement exact, je dirai seulement qu'il a été assujetti aux Romains, ensuite aux Lombards, & aprés aux Empereurs. On remarque que depuis l'an 1494. jusqu'en 1528. Genes a eu plus de douze sortes de Gouvernemens : Elle a eu des Comtes, des Consuls, des Podestats, des Capitaines, des Gouverneurs, des Lieutenans, des Recteurs du peuple, des Abbez du peuple, des Reformateurs, des Ducs Nobles & Populaires, &c.

Les Rois de France ont été en possession de Genes à differentes fois. En 1396. cette Ville se donna au Roi Charles VI. & en 1409. les Habitans massacrerent les François qui s'y trouverent, & se donnerent au Marquis de Monferrat: Quatre ans aprés ils se choisirent des Ducs: En 1421. ils se soûmirent au Duc de Milan ; mais en 1436. étant las de ce Gouvernement, ils se choisirent encore des Ducs qui les gouvernerent jusqu'en 1458. qu'ils se soûmirent à Charles VII. Roi de France. En 1461. les François en furent encore chassez, pour faire place aux Ducs Populaires, dont il y en eut de cinq sortes en trois ans de tems, aprés lesquels la Ville se donna à François Sforce, Duc de Milan, qui en fut chassé en 1478. & elle eut encore des Ducs jusqu'en 1488. que le Duc de Milan en reprit possession.

ITALIE L'Histoire rapporte que les Genois aiant envoié des Ambassadeurs à Loüis XI. Roi de France, avec offre de se donner à lui ; ce Monarque, qui voioit le peu de fondement qu'il falloit faire sur un peuple si inconstant & si sujet aux Rebellions, leur répondit que si la Ville se donnoit à lui, il la donnoit à tous les Diables. Il y a pourtant des gens qui croient que ce Prince ne se servit pas des mêmes termes, & qu'il dit seulement qu'il la donnoit à ses habitans, n'étant pas accoûtumé de gouverner des Diables. Quoi qu'il en soit, en 1499. Loüis XII. prit Genes d'assaut : Il avoit résolu de mettre tout à feu & à sang : mais les habitans aiant mis quatre mille petits enfans

dans

dans la grande place, qui crioient pitié & miséricorde, ce Prince touché de compassion, pardonna aux peres en faveur de ces innocents: mais ce peuple n'étant pas devenu meilleur, se revolta en 1506. Les François reprirent la Ville en 1507. & en furent chassez en 1512. Ils y rentrerent en 1513. & en demeurerent les Maîtres jusqu'en 1522. que la Ville fut prise & pillée par l'armée de Charlequint. Le Roi François premier la reconquit en 1527: mais l'année d'aprés, André Doria Genois, qui commandoit l'armée Navale de France, se revolta & trahissant son Roi & son honneur, se servit des propres forces de cette Couronne, pour délivrer Genes

66 *Voiages historiques*

ITALIE de sa domination, & depuis ce tems-là elle a été gouvernée par un Senat, dont le Chef qu'on appelle Doge, est renouvellé de deux en deux ans.

Nouveau gouvernement.
Ce nouveau gouvernement est Aristocratique : le Doge est assisté de huit Senateurs Gouverneurs, & de quatre Procurateurs, deux desquels tour à tour logent avec lui quatre mois de l'année, dans le Palais Ducal : & c'est ce qu'on appelle le Senat : mais la base & le fondement de la Republique, reside dans le grand Conseil, composé de quatre cent Gentilshommes choisis d'entre l'ancienne & la nouvelle Noblesse. Ce Conseil delibere conjointement avec la Seigneurie (c'est-à-dire le Doge & les Senateurs)

de tout ce qui regarde la paix & la guerre. Il y a de deux fortes de familles Nobles, qu'on diſtingue par anciennes & nouvelles, les premieres ſont au nombre de vingt-huit, & les autres quatre cens trente-ſept. Le Doge & les Senateurs ſont pris alternativement parmi ces deux ſortes de Nobleſſe.

Philippe II. Roi d'Eſpagne & ſes Succeſſeurs, ont par une fine politique, engagé inſenſiblement les Genois dans leurs intereſts, en leur empruntant des ſommes immenſes. Philippe II. emprunta douze millions de cette Republique qu'on n'a jamais rembourſez: au contraire cette ſomme a beaucoup groſſi tant par de nouveaux em-

ITALIE prunts!, que par les interests qu'on a joint au Capital, & c'est ce qui a donné lieu de dire, que le Roi d'Espagne tient Genes bien mieux enchaînée sous son joug, que s'il en étoit en possession, parce que ces Républicains se voient dans la necessité de rester les esclaves de Sa Majesté Catholique, ou de perdre leur dette.

Du Doge. Le Doge doit avoir au moins cinquante ans pour être élû, & aprés ses deux ans de Regence, il ne peut plus rentrer dans le même emploi que douze ans aprés. Il ne peut recevoir visite, donner audiance, ni ouvrir les Lettres qui lui sont adressées, qu'en presence des deux Senateurs qui lui font compagnie dans le Palais. Son habit de cérémonie est une robe de Velours ou de Damas rouge, faite à l'antique avec la fraise dessous, & un bonnet pointu de pareille étoffe que la robe. Lors que le terme de sa Regence est fini, ce qui doit arriver le treziéme Aoust à quatorze heures & demi, il se trouve à l'assemblée des Colleges, où il est remercié par le Secretaire de l'assemblée en ces termes. *Vostra Serenità hà fornito il suo tempo, vostra Excellenza sene vadi à casa.* Vôtre serenité a fourni son tems, que vôtre Excellence s'en retourne chez elle. Ce qu'il fait en même tems, & étant sur sa porte, il remercie les Senateurs & les Gentilshommes qui lui ont fait compagnie, après quoi il quitte la robe rouge, pour prendre celle de Senateur, qu'il porte le reste de ses jours.

Trois jours après on procede à l'élection du nouveau Doge, le Doien des Senateurs en faisant cependant la fonction. On convoque le grand Conseil, qui nomme quinze personnes propres pour cette dignité : de ces quinze le petit Conseil en choisit six, qui étant ensuite communiquez au grand Conseil, on en élit un, qui n'est pourtant couronné que trois mois après, quoique quelques-uns l'aient été plûtôt, entre autres François Maria Imperiale Lercara, qui fut élû & couronné dans un même jour. La cérémonie s'en fait par l'Archevêque de Genes, dans l'Eglise Cathedrale. Le Doge & les Senateurs sont d'obligation de communier au moins deux fois l'année; sçavoir à Noël & à Pasques.

Le petit Conseil est composé du Doge, des Senateurs, des Colleges & de deux cents Gentilshômes âgez du moins de vingt-sept ans. La convocation s'en fait au son d'une Cloche. Un Huissier vêtu en robe rouge, presente à chaque Gentilhomme en entrant dans la Salle, une petite bâle de bois argentée, qu'il jette dans un bassin vis-à-vis du Doge. Lors que tous les Nobles sont entrez, on fermé la porte, & le Chancelier compte les balles; pour sçavoir le nombre de ceux qui composent l'assemblée ; & aprés que le Doge a proposé ce qui a donné occasion à la convocation du Conseil, on va recueillir les voix en cette maniere : un sous-Chancelier distribuë à chacun une bâle blanche de laine ou de toille ; un autre sous-Chancelier, leur en donne une noire, & un troisiéme leur presente une Urne qu'ils nomment *Pixide*, dans laquelle il y a deux conduits, l'un pour la negative & l'autre pour l'affirmative ; qui aboutissent par le haut d'une maniere que la main de celui qui jette les bâles, fermant toute l'entrée, on ne peut pas s'appercevoir dans quel conduit il jette la blanche ou la noire.

de l'Europe. 73

re. Il faut aussi remarquer que les decrets de ce Conseil, doivent au moins être authorisez de cent trentequatre voix, qui sont les deux tiers de deux cens.

ITALIE

Le grand Conseil est composé du Doge, du Senat, de tous les Colleges, du petit Conseil, & de tous les Nobles de la Ville : Il s'assemble de même que le petit Conseil, & le Doge y fait aussi les propositions. On le convoque lors qu'il s'agit d'abolir quelque Loi, ou en faire de nouvelles, d'anoblir quelque roturier, ordonner ou établir des taxes ou autres impositions; enfin c'est en cette assemblée que reside toute la force & l'authorité de l'Etat : mais les matieres ont été

Grand Conseil.

preparées dans le petit Conseil, avant d'être proposées dans celui-ci.

La Ville de Genes avec Archevêché, est la Capitale de cet Etat; elle est surnommée la superbe, tant à cause de l'humeur des habitans, que de la magnificence de ses bâtimens: elle est située aux bords de la mer, s'élevant sur la montagne en forme d'Amphiteatre; elle est enceinte de bonnes murailles du côté de terre ferme, & bien fortifiée par tous les endroits par où elle peut être attaquée : son circuit est d'environ six mille d'Italie; ses ruës sont étroites & fort obscures, à cause de la hauteur des maisons : Elle a cinq portes, quantité de magnifiques Palais, & un tres bon Port; quoi-que l'abord en soit un peu difficile, à cause de quelques rochers couverts d'eau, qui sont aux environs. Il est deffendu d'un Mole, que les Genois ont fait bâtir depuis qu'ils se sont soustraits de la Couronne de France. Au bout du Mole, on a élevé un Phare ou Phanal, pour avertir la nuit les Vaisseaux qui passent le long de cette côte, & par la situation de la Lanterne, ceux de la Ville connoissent la route que font les Vaisseaux qu'on apperçoit. Ce Phare est bâti dans l'endroit où Loüis XII. Roi de France, fit autrefois construire un Fort pour brider cette Ville.

On voit à Genes un Aqueduc qui porte l'eau d'un bout

à l'autre de la Ville, & qui en fournit à une infinité de Fontaines, dont quelques-unes servent à fournir d'eau fraîche les Vaisseaux qui doivent se mettre en Mer : Si ceux qui font route de Genes à Ligourne venoient à en manquer, ils trouveront une source d'eau douce au milieu du Golfe de l'*Espece*, qui à travers des eaux salées, monte en boüillonnant jusqu'au haut de la Mer, conservant sa douceur.

L'Eglise du Dome (c'est de ce nom qu'on nomme en Italie toutes les Cathedrales) est dédiée à Saint Laurent : elle est revétuë de Marbre blanc & noir au dehors. Elle a trois Portes à son Frontispice, soûtenuës de belles Colomnes de Marbre. Les richesses du dedans, répondent parfaitement bien aux embelissemens du dehors. Ceux qui en veulent voir les Reliques, sont obligez, à peine d'amende, de poser leurs Armes à la porte. On entre dans ce Tresor par une Porte de fer à quatre serrures, dont les Senateurs ont les Clefs : On y montre entre-autres choses un plat d'une seule Emeraude, qu'on dit avoir été donné à Salomon par la Reine de Saba, & qui a servi à Nôtre-Seigneur pour faire la derniere Cene avec ses Disciples : Ajoûtant qu'à la prise d'Antioche, les Genois choisirent ce Plat pour leur part du butin. Cependant quelques Autheurs disent, que le Sauveur du monde mangea l'Agneau de Pâques dans un plat d'argent, ainsi que l'a remarqué Richard Laſſels, fameux voiageur Anglois. On conſerve dans cette Egliſe les cendres de Saint Jean Baptiſte.

Il y a d'autres belles Egliſes dans Genes, dont je ne dis rien pour ne pas me rendre ennuieux ; je ne parlerai pas non plus de tous ſes Palais, puis qu'il y en a preſqu'autant que de maiſons ; cette magnificence a donné lieu de remarquer, que les Genois ſont les plus riches particuliers d'Italie, & l'Etat le plus pauvre, & que ce peuple avoit autant de ſoin de ſon bien particulier, que les Venitiens en avoient de celui de leur Republique. De tous ces Palais, celui du Prince Doria est sans contredit le plus superbe : on y voit une Galerie pavée de Marbre blanc & noir, qui a six-vingts pas de long sur vingt-six de large, d'où l'on apperçoit tous les Vaisseaux qui abordent à Genes. Les appartemens y sont si richement meublez, qu'un Gouverneur de Milan, ne pouvant croire qu'ils fussent tous à Doria, dit à la Reine d'Espagne, qui s'alloit embarquer à Genes, qu'elle y seroit logée dans un des plus beaux Palais du monde : mais que les plus superbes meubles avoient été empruntez des plus riches maisons de Genes.

Ce Prince, qui en fut averti avant que la Reine fût arrivée, fit graver sur la porte de son Palais, *Par la grace de Dieu & du Roi, le tout est au Maître de la maison.* On voit dans son jardin, une grande Statuë de Geant, au dessous de laquelle on lit l'Epitaphe d'un Chien, qui pendant sa vie avoit cinq cens écus de revenu pour son entretien.

Il y a peu d'Etat en Europe où la police soit mieux établie qu'à Genes : Il y a des Magistrats qu'on nomme *de l'abondance*, qui ont soin de tenir la Ville pourveuë de bled, farine, vin & huile pour un an, (quelque cherté qu'il y ait) outre celui qui y arrive journellement ; & ils reglent le prix de ces danrées à proportion de la fertilité

ou sterilité de l'année: Pres- ITALIE
que dans tous les quartiers
de la Ville, & principalement
proche des Bureaux, il
y a certains troncs dans la
muraille, où l'on jette des
billets d'accusation contre
ceux qu'on pretend avoir
malversé dans leurs emplois
ou commissions; & souvent
sans autre convinction, on
fait punir un innocent.

Je ne puis finir ce Chapi- Du bom-
tre, sans dire un mot de ce bardement.
qui donna lieu au Bombardement de Genes en 1684. par
l'armée Navale de France.
Le Roi aiant fait faire plusieurs plaintes à cette République, par Monsieur de St.
Olon son Envoié extraordinaire, de la conduite qu'elle
tenoit contre les interests de

sa Couronne, & des injustices qu'on faisoit à ses sujets, ce Ministre n'en pût tirer aucune satisfaction raisonnable; secondement Sa Majesté fit demander à la République de pouvoir faire passer des sels à Casal par les terres de l'Etat, & demanda un Magasin à Savonne, dont un Magistrat Genois auroit une Clef, afin de les mettre à couvert du soupçon qu'ils pouvoient avoir, qu'on n'en debitât dans la Ville de Savonne ; ce que la République refusa, & non contente de cela fit un Traité secret avec l'Espagne contre la France, par lequel cette République s'obligeoit d'entretenir quatre mille hommes dans l'Etat de Genes, qui seroient levez au nom du Comte de Melgar & aux dépens des Genois, comme aussi d'augmenter ses six Galeres de six autres, pour les joindre à l'armée Navale des Espagnols. Le Roi T. C. informé de leur dessein, ordonna à son Ministre de demander le sujet de cet armement dans un tems de paix, & leur fit offrir en même tems sa médiation ou ses forces, s'ils se trouvoient en avoir besoin.

Mais les Genois bien loin d'y acquiescer, donnerent des réponses autant fieres qu'ambigues, ce qui obligea enfin Sa Majesté d'y envoier une armée Navale, afin que sa presence portât cette République à son devoir. Car

ITALIE Monsieur de Segneley, Ministre & Secretaire d'Etat, qui étoit sur la flotte, étant arrivé au Port de Genes, envoia demander quelques Senateurs, qui s'étant rendus sur son bord, il leur fit connoître les sujets de mécontentement que la République avoit donnez au Roi, & qu'il étoit venu pour en tirer satisfaction : que cependant ils pouvoient détourner le mal qui les menaçoit, s'ils faisoient incessamment désarmer les quatre nouvelles Galeres, qui étoient déja armées, & s'ils envoioient à Paris quatre Senateurs pour faire des excuses à Sa Majesté. Ils refuserent d'accepter cet expédient, & eurent la temerité de tirer les premiers sur les

de l'Europe. 85

Galeres du Roi, qui n'avoient encore fait aucun Acte d'hostilité; ce qui leur attira une grêle de bombes pendant quelques jours, qui ruïnerent la plûpart de leurs Palais.

Il y-a lieu de croire que le Roi ne s'en seroit pas tenu là, si les Genois n'eussent prié le Pape Innocent XI. d'interceder pour eux auprés de Sa Majesté, offrant de lui dôner telle satisfaction qu'Elle demanderoit. Le Roi par un effet de Sa Clemence, consentit à un accommodement, qui fut moienné par le Sieur Ranuzzi, Evêque de Fano, Nonce de sa Sainteté, avec Monsieur de Colbert, Chevalier, Marquis de Croissi, Ministre & Secretaire d'Etat,

ITALIE que Sa Majesté nomma pour son Plénipotentiaire, & le Marquis de Marini nommé de la part de la République, dont il étoit Envoié extraordinaire à la Cour de France.

Accommodement de Genes.

Le Traité fût signé à Versailles le douziéme Février 1685. ratifié par la République le vingt-cinq du même mois, & par Sa Majesté le troisiéme Mars suivant. Il contenoit en substance.

I. Que le Doge pour lors regnant & quatre Senateurs aussi en charge, se rendroient près de Sa Majesté revêtus de leurs habits de cérémonie, & que le Doge portant la parole, témoigneroit au nom de la République de Genes, l'extrême regret qu'elle avoit d'avoir déplû à Sa Majesté, & se serviroit dans son discours, des expressions les plus soûmises & les plus respectueuses, & qui marquassent mieux le desir sincere qu'elle avoit de meriter à l'avenir la bienveüillance de Sa Majesté, & de se la conserver soigneusement.

II. Que le Doge & les quatre Senateurs rentreroient à leur retour à Genes, dans l'exercice de leurs charges & dignitez, sans qu'on en pût mettre d'autres à leur place, pendant leur absence.

III. Que la République de Genes congedieroit dans le tems d'un mois, toutes les troupes Espagnoles qu'elle avoit introduites dans les places & païs dudit Etat, & renonçoit dés à present en vertu de ce

Traité à toutes Ligues & Associations qu'elle pourroit avoir faites depuis le premier Janvier 1683.

IV. Que les Genois reduiroient dans le même tems leurs Galeres au nombre quils avoient il y a trois ans, & désarmeroient celles qu'ils avoient fait équiper du depuis.

V. Que la République de Genes rendroit aux François tout ce qu'on pourroit recouvrer des effets qui leur avoient été pris & enlevez dans la Ville & Etat de Genes, Sa Majesté consentant par un mouvement de sa pieté, qu'au lieu des dédommagemens que ses sujets pourroient pretendre, pour ceux de leurs effets qui ne pourroient pas se

trouver

trouver, la République s'obligeât, comme elle fit par cet Article, de contribuër à la reparation des Eglises & lieux sacrez, endommagez ou ruinez par les bombes; Sa Majesté remettant au Pape de regler la somme qu'il estimeroit convenable pour cela, & limiter le tems dans lequel lesdites reparations devroient être faites.

VI. Que la République paieroit cent mille écus au Comte de Fiesque, en déduction des ses anciennes prétentions, seulement par la consideration que ledit Comte est sous la protection du Roi, & à condition que ce paiement ne préjudicieroit en rien aux raisons que la République a contre les

ITALIE suſdites prétentions.

VII. Que le Roi étant content des ſatisfactions ci-deſſus, veut bien rendre l'honneur de ſes bonnes graces à la République de Genes.

VIII. Que tous Actes d'hoſtilité ceſſeront par terre du jour du Traité, & par Mer dans un mois, & les priſonniers de part & d'autre ſeront mis en liberté.

IX. Enfin que le Traité ſeroit ratifié, & les Ratifications échangées au plûtard dans trois ſemaines, &c.

Le Doge va en France. En vertu de ce Traité, la République envoia le Doge François-Maria-Imperiale Lercaro, alors regnant avec quatre Senateurs, qui étoient Meſſieurs Marcelino Durazzo; Paris-Maria Salvago,

Gioanni Garibaldo, & Agostino Lomelino. Ils partirent de Genes le vingt-neuviéme Mars 1685. accompagnez de six jeunes Gentilshommes que la Republique avoit nommez : Sçavoir Giuseppe Lomelini, Gio Ambrogio Doria, Agostino Centurione, Francisco Maria Negrone, Cesare Durazzo & Domenico Franzone.

Ils arriverent le dixiéme Avril à Lion, & le dix-huitiéme à Paris. Le Doge emploia vingt-quatre à vingt-cinq jours à faire preparer ses équipages, & le quinziéme Mai 1685. il eût audiance du Roi à Versailles, conduit par Monsieur de Bonneüil, Introducteur des Ambassadeurs. Quelques jours auparavant il avoit fait ôter les clous, dont la housse de son Carrosse étoit attachée, parceque c'est une distinction qui n'appartient qu'aux personnes Roiales & aux Souverains. Le Roi étoit sur un Trône élevé de dix à douze marches au bout de la grande Galerie. Sa Majesté qui avoit à ses côtez Monseigneur le Dauphin, Monsieur, Frere du Roi, Monsieur le Duc de Chartres, Monsieur le Duc de Bourbon, Monsieur le Duc du Maine & Monsieur le Comte de Toulouse, se leva & se découvrit ; ensuite fit couvrir le Doge ; mais les quatre Senateurs demeurerent découverts.

Le Doge fit une tres-belle harangue, que je joindrai à la

fin de ce Chapitre. Aprés qu'il eût fini, les Senateurs firent auſſi leurs complimens, & on remarqua que le Doge fut découvert pendant que les Senateurs parloient. L'Audiance finie ils furent traitez à dîné par ordre du Roi, avec toute la profuſion & la magnificence imaginable; aprés le repas, ils reprirent leurs habits de cérémonie, qu'ils avoient quitté avant de ſe mettre à Table, & furent conduits à l'audiance de Monſeigneur, à celle de Madame la Dauphine; enſuite chez Meſſeigneurs les Ducs de Bourgogne & d'Anjou, aprés quoi ils furent chez Monſieur, chez Madame, & chez tous les Princes & Princeſſes de la famille Roiale.

ITALIE. Tout ce qu'il y a à remarquer, c'est que ce ne fut que chez Monsieur le Duc de Chartres, que les Senateurs commencerent à se couvrir. Ils revinrent le soir à Paris: mais le dix-huit & le vingt-trois ils retournerent à Versailles en habit de Cavalier, pour voir les appartemens, les eaux, la ménagerie & les Châteaux de Trianon & de Marli. Le vingt-six le Doge & trois Senateurs, (le Sieur Salvago étant malade) prirent leur audiance de congé du Roi, & partirent peu de jours aprés pour s'en retourner à Genes, où ils continuerent l'exercice de leurs charges, jusques au tems ordonné pour les renouveller.

Discours que le Doge de Genes fit au Roi à Versailles le quinziéme Mai 1685.

SIRE, | SIRE,

La mia Republica hà sempre havute frà le massime più radicate del suo governo, quella principalmente di signalarsi nella somma veneratione à questa grand Corona, che transmesa à la Maestà Vostra da suoi augusti progenitori, hà ella elevata ad un sì alto grado di Potenza e di gloria, con imprese sì prodigiose & inau-

Ma République a toûjours tenu pour une des maximes les plus fondamentales de son gouvernement, celle de se signaler par le profond respect qu'elle porte à cette puissante Couronne que V. M. a receuë de ses Augustes Ancêtres, & qu'elle a é-

*dite, che la Fa-
ma solita in ogn'
altro soggetto ad
ingrandire, non
sarà bastevole in
questo, ancora
con diminuirle, à
renderle credibi-
li alla posteri-
tà.*

*Prerogative co-
sì sublimi che
obligano quasun-
que stato à remi-
rarle con profon-
dissimo ossequio,
hanno particolar-
mente indotto la
mia Republica à
distinguersi so-
pra d'ogni uno
nel professarlo in
modo che dovesse
restarne il mondo
tutto, evidente-
mente persuaso:*

levé à un si haut
degré de puis-
sance & de gloi-
re, par des actiõs
inouïes & si é-
tonnantes, que la
Renommée, qui
dans tout autre
sujet exagere or-
dinairement les
choses, ne pour-
roit pas même
en les diminuant,
les rendre croia-
bles à la poste-
rité.

Ces prérogati-
ves si sublimes,
qui obligent tous
les Etats à les
considerer & les
admirer avec une
soûmission tres-
profonde, ont
particulierement
porté ma Répu-
blique

ne vié accidente che le sia mai occorso di apprendere ne più funesto, ne più fatale di quello che veramente potesse offendere la Maestà Vostra.

Non posso dunque adequatamente spiegare l'estremo cordoglio cagionato alla medesima d'havere havuto la minima cosa che sia dispiaciuta alla Maestà Vostra, ben che ella si lusinghi essere ciò arrivato per sua pura disgratia, vorrebbe non dimeno che tutto quel-

blique, à se distinguer par dessus tous les autres en la témoignant de telle maniere, que tout le monde en doive demeurer évidemment persuadé, & l'accident le plus funeste & le plus fatal, est celui qu'elle a appris d'avoir pû veritablement offenser V. M. Je ne puis donc assez bien exprimer l'extrême douleur qu'elle a eu d'avoir pû deplaire en quoi que ce soit à V. M. & bien qu'elle se flatte que

ITALIE

lo che può essere di poca sodisfatione della Maestà Vostra, fosse a qual si voglia prezzo cancelato, non solo dalla sua memoria, ma di quella di tutti gli huomini, non essendo ella capace di solle varsi di così immensa afflitione sin che non si vegga reintegrata nella pregiatissima gratia de Vostra Maestà.

Per essere fatta degna di conseguirla, accorta la Maestà Vostra, che tutti gli sporsi delle sue più intenze ap-

c'est un pur effet de son malheur, elle voudroit neanmoins que tout ce qui s'est passé, dont V. M. n'a pas été contente, fût, à quelque prix que ce soit, effacé non seulement de sa memoire, mais de celle de tous les hommes, étant incapable de se consoler dans une si grande affliction jusqu'à ce qu'elle se voie rétablie dans les bonnes graces de V. M.

Pour s'en rendre digne, elle asseure V. M. qu'elle emploira

plicationi, e delle sue più anciose sollecitudini, s'impiagheranne per procurarne non solo una perpetua conservatione, mà per habilitarsi à meritarne ogni maggiore accrescimento in ordine à che non sodisfacendosi di qualsisia espressioni, è più proprie, e più ossequenti, ha risoluto valersi d'inusitate e singolarissime forme, inviandole il sue Doge e quatre Senatori, sperando che da tanto speciali dimostrationi debba la

désormais toute son application & tous ses soins, & fera tous ses efforts non seulement pour se les conserver; mais encore pour se rendre capable d'en meriter l'accroissement : C'est dans cette veuë que ne se contentant pas des expressions les plus propres & les plus respectueuses, elle a voulu se servir d'une maniere inusitée & tres singuliere, en lui envoiant son Doge & ses quatre Senateurs, esperant qu'a-

I ij

ITALIE *Maestà Vostra pienamente appagarsi dell'altissima stima che fa della sua Regia benevolenza.*

Quanto à me Sire, riconosco per mia grandissima fortuna, l'honore di sporle questi vivissimi e divotissimi sentimenti, & al maggior segno me preggio di comparire alla presenza di un sì gran Monarca, che Invitissimo per lo suo valore, e riveritissimo per la sua imparaggiabile magnanimità e grandezze, come ha

prés de telles démonstrations V. M. sera pleinement persuadée de la tres-haute estime que ma République fait de Vôtre Roiale bienveüillance.

Pour ce qui est de moi, SIRE, je m'estime tres-heureux d'avoir l'honneur d'exposer à V. M. ses sentimens tres-sinceres & tres respectueux, & je m'estime infiniment de paroître devant un si Grand Monarque, invincible par son Courage & tres reveré par ses grandeurs

formentato tutti gli altri de passati secoli, coſi aſſicura la medeſſima ſorte alla ſua proſapia. Con ſi felice Augurio bó ſomma fiducia che la Maeſtà Voſtra per far ſempre piu comprendere all'Univerſſo, la ſingularita dell'animo ſuo generoſſiſſimo ſi compiacera di riguardare queſto rimonſtranze tanto divote e dovute como parto non meno della ſincerita del mio cuore, che de gli animi di queſti Signori Senatori e di citadini del-

& magnanimitez incomparables, & qu'aiant ſurpaſſé tous les Rois des ſiecles paſſez, aſſure le même avantage à la race Roiale; Aprés ces heureux preſages, j'eſpere que V. M. pour faire voir à tout l'Univers la grandeur ſinguliere de cette generoſité, daignera regarder les témoignages auſſi juſtes que reſpectueux comme des marques de la ſincerité de mon cœur & de ces Meſſieurs les Senateurs & de

I iij

ITALIE | *la mia Patria, che attendono con impazienza i contrasegni che la Maestà Vostra si degnerà volerle dare del suo benigno gradimento.* | tous les peuples de ma Patrie, qui attendent avec impatience les marques que V. M. voudra bien leur donner du retour de sa bien-veüillance.

CHAPITRE V.

Des Etats des Ducs de Parme & de Modene.

Parmezan.

LE Duc de Parme est vassal du Saint Siege, à qui il paie dix mille écus pour tribut de ses Duchez de Parme & de Plaisance. Cet Etat a souffert diverses revolutions depuis la décadance de l'Empire, jusqu'à ce que l'Eglise en étant en paisible possession, Alexandre Farneze étant parvenu au Pontificat, sous le nom de Paul III. érigea le Parmezan en Duché, & le donna à son fils Pierre Farneze en 1545. L'Empereur Charle-quint lui en disputa la possession, jusqu'à la mort de ce Duc qui arriva deux ans aprés : mais Octavio Farneze son fils, étant puissamment protegé par le Roi de France, s'assura cet Etat & à ses Successeurs, par son mariage avec Marguerite d'Autriche, fille naturelle du même Empereur.

Le païs circonvoisin est fort fertile en bled, vin, fruits, & sur tout en fromage, dont la reputation est suffisament connuë ; il suffit de

ITALIE

Son terroir.

dire qu'on y en fait qui pesent cent cinquante livres, & que les Turcs les estiment si delicats, qu'on en sert ordinairement au grand Seigneur & à ses Visirs dans leurs repas. On trouve plusieurs puits d'eau salée aux environs, d'où l'on tire du sel blanc, & des mines de fer, de cuivre & même d'argent.

Son revenu & ses forces. Le Duc de Parme a environ cinq cens mille écus Romains de revenu, qui font dix-sept cent cinquante mille livres de France, & peut dans le besoin mettre sur pied vingt-huit mille hommes de ses propres sujets.

Parme. La Ville de Parme Capitale du Duché de même nom, & le séjour de la Cour de ce Prince, est partagée en troi parties par la riviere de Parme, sur laquelle on a construit des Ponts pour leur communication; elle est ornée d'un Evêché suffragant de Boulogne & d'une celebre Université, fondée en 1599. par Rainuce Farneze. Sa Citadelle composée de cinq bastions, est une des plus fortes & des mieux munies d'Italie. Les étrangers ne manquent pas de voir le Palais du Duc, qui est un des plus magnifiques, le Marbre, le Jaspe & le Porphire n'y aiant pas été épargnez. Les Jardins de ce Palais, & l'Eglise Cathedrale, sont ensuite ce qu'on y voit de plus remarquable.

Plaisance est la seconde Ville des Etats du Duc de Parme, qui en son particulier a titre de Duché, & un Evêché suffragant de Boulogne; on croit que son nom lui a été donné de sa situation, qui est dans une plaine extrêmement fertile; elle est voisine de la riviere du Pô, & peut avoir cinq mille de circuit. On montre prés de la Ville, du côté du couchant, l'endroit où St. Anthoine fit perir par le feu du Ciel, les Soldats qui se moquoient de son nom. On voit dans la grande place de Plaisance, la fontaine que Cesar Auguste y fit conduire, & la Statuë de bronze à cheval, d'Alexandre I. Duc de Parme.

Le Modenois ou Etat de Modene, a celui de Parme au Levant. Il fut érigé en Duché par l'Empereur Fre-

derick III. l'an 1452. en fa- ITALIE
veur de Borso d'Eſt. Le Païs
eſt fort fertile en toutes cho-
ſes. Ce Duché releve de l'Empereur, à qui le Duc de Modene paie un tribut annuel de
quatre mille écus; ſon revenu peut aller à un million de
livres d'Italie, qui font ſept
cens cinquante mille livres
argent de France, & il pourroit dans un tems preſſé, armer vingt-cinq mille hom-
mes ſur ſes terres.

 Modene, Capitale de ce Modene.
Duché, eſt le ſéjour ordinaire de ſon Duc, qui eſt de la
Maiſon d'Eſt, comme je l'ai
remarqué ailleurs. Sa ſituation eſt entre les rivieres de
Sechia & de Panaro, & quoi-
que ſes ruës ſoient un peu é-
troites, elle ne laiſſe pas d'ê-

tre un agréable séjour. Les Voiageurs vont voir le Palais du Prince, celui de l'Evêque, la Cathedrale & la Citadelle: où l'on ne voit pourtant rien de fort particulier. L'Histoire nous apprend que Modene fut autrefois une Colonie Romaine, & qu'aprés la mort de Jules Cesar, Brutus y fut inutilement assiegé par Marc Antoine, l'an de Rome 710. que la Ville fut ensuite ruïnée sous les Gots & les Lombards, & rebâtie sous l'Empire des Enfans de Charlemagne, & que ce fut auprés de Modene que l'an 711. de Rome, Hirtius & Pansa perdirent la bataille contre Marc Antoine. Le Clocher de Modene est une des plus hautes Tours d'Italie.

CHAPITRE VI.

Des Etats du Duc de Mantouë.

LE Duc de Mantouë tient ses Etats en fief de l'Empereur, dont il reçoit l'investiture. Ce n'étoit autrefois qu'un Marquisat; mais l'Empereur Charle-quint l'érigea en Duché en 1530. Le Duc qui le possede aujourd'hui, est de l'illustre Maison de Gonzague ; il prend les qualitez de Duc de Mantouë, du Monferrat & de Guastalle, Vicaire perpetuel du St. Empire, &c. Ce Païs est situé entre les Etats de l'Eglise, ceux de Modene, de Venise & du Milanez, sa longueur

Voiages historiques

ITALIE peut être d'environ cinquante mille, & sa largeur de quarante. Le Pô qui le traverse, lé rend un des plus fertiles d'Italie, principalement en bled, puis qu'une bonne recolte suffit pour nourrir ses habitans pendant cinq ans. Il est vrai que l'humidité qu'y causent les debordemens du Pô, fait que les vins y sont un peu verds.

Ses forces & ses revenus. Son Altesse peut mettre sur pied une armée de douze mille fantassins, & de huit cens chevaux; & son revenu monte à trois cens mille écus, dont le principal se prend des Moulins ou des Juifs, qui donnent des sommes considerables, pour avoir la liberté d'y faire leur commerce: Ils sont obligez de porter un *de l'Europe.* III

ruban jaûne à leur chapeau, pour les distinguer des Chrêtiens.

ITALIE

La Ville de Mantouë est la Capitale du Duché, elle est située dans un Lac de vingt mille de circuit, qui forme la riviere de Mincio, de sorte qu'on n'en peut approcher que par deux Chaussées, faites avec la terre qu'on y a apportée d'ailleurs avec des Ponts-levis aux deux bouts. Il y a une quantité prodigieuse de Moulins sur ce Lac, & l'on en remarque trois dans une seule maison, qui servent à filer, dévider, doubler & retordre la soie, qui sont conduits par un seul homme.

Sa Capitale.

Cette Ville est tres ancienne, les Poëtes Virgile & du

Tasse y ont pris naissance, on y fabrique quantité de Tabis & autres étoffes de soie: les ruës y sont larges, droites & fort propres: Elle a prés de quatre mille de circuit, huit portes, dix-huit Paroisses, quarante Couvents, & un endroit particulier pour les Juifs. On pratique ici ce qui se fait dans la plûpart des autres Villes d'Italie: c'est qu'en y entrant, on vous oblige de laisser à la porte vos armes à feu, qu'on vous rend à la porte par où vous sortez à vôtre départ: mais il faut avoir soin de les marquer pour les reconnoître.

Les Voïageurs trouvent du plaisir à visiter les Manufactures, l'Hôtel de Ville, l'Eglise Cathedrale, dont la voute est te est toute dorée & azurée, & principalement le Palais Ducal, qui sans difficulté fait le plus bel ornement de la Ville : & c'est avec raison qu'on dit qu'on y pourroit aisément loger cinq Rois avec leur suite ; puis qu'il y a cinq cens cinquante chambres, avec trois riches ameublemens pour chacune (il y en avoit sept autrefois.) Les appartemens destinez à loger les Princes, les Ambassadeurs & les Cardinaux, sont proportionnez en magnificence, à la grandeur de celui qui doit les occuper : on y voit des lits en broderie d'or & de perles, des tapisseries de soie relevées d'or ; six Tables d'environ trois pieds de long, dont l'une est

ITALIE toute d'Emeraudes, si bien jointes qu'on diroit qu'elle est toute d'une piece, aussi-bien que les autres qui sont une de Turquoises, une d'Hiacinthes, une de Saphirs violets, une d'Ambre & l'autre de Jaspe. On y voit aussi de fort belles orgues d'Albatre; aprés cela je crois qu'il n'est pas necessaire de faire une description de l'or, de l'argent, des pierreries, &c. qui regnent dans tous les Cabinets, ni des Statuës d'argent, de bronze & de marbre, qui ornent les chambres & les galeries; car on ne doit pas douter que tout ne réponde à la magnificence du Palais & du Prince qui en est le Maître. Je dirai pourtant en passant qu'on y voit des harnois de chevaux couverts de Perles & de Diamans; quantité d'armes, enrichies de même: des Calices d'or, des Croix, des Baffins, & les autres ornemens des Chapelles des Cardinaux de cette maison, tous enrichis de Perles, de Diamans, de Rubis, d'Emeraudes & autres pierreries. J'ajoûterai encore, que toutes ces richeffes étoient infiniment plus confiderables avant le pillage qu'y commirent les troupes de l'Empereur Ferdinand II. fous la conduite du Sieur de Colalto, qui s'empara de la Ville de Mantouë le dix-huit Juillet 1630. & la brutalité de Soldat n'étant pas affouvie de ce pillage, le porta à ruïner une infinité de Statuës

& autres ouvrages incomparables.

CHAPITRE VII.

De l'Etat & République de Venise.

Etat de Venise.

ON appelle Etat de Venise, toute l'étenduë des terres que la République de Venise posséde en Italie, qui fût partie de la Basse Lombardie. Elle est aussi Maîtresse de l'Istrie, de la Dalmatie, de la Morée & d'une partie des Isles de l'Archipel. Cette République est la seule Souveraine d'Italie, les autres étant feudataires de l'Eglise ou de l'Empire. L'air de Venise n'est pas sain, à cause de la puanteur des Canaux ; cela joint au peu de societé que les étrangers y trouvent, pour les raisons dont je parlerai ci-aprés, fait que les Voiageurs trouvent son séjour incommode, dès qu'ils en ont vû toutes les beautez.

Cette République est traitée de Serenissime ; c'est le plus puissant Etat d'Italie : son revenu monte à quinze millions, & la seule Ville de Venise paie plus de deux millions cinq cens mille Ducats: il est vrai qu'elle seule contribuë autant que tout le Domaine que la République a en terre-ferme. Elle fait de fort grosses épargnes en tems de paix, & son fameux Tresor de Saint Marc en est une preuve incontestable.

Ses forces. Dans un besoin elle mettroit deux cens voiles en Mer, & quatre cens mille hommes sous les armes de ses propres sujets. En tems de paix, elle entretient toûjours quarante Galeres dans le Golfe, pour le netoier des Corsaires de Barbarie. Lors que la République est en guerre avec le Turc, elle n'emploie presque que des troupes étrangeres qu'elle chete en Allemagne & ailleurs, conservant ses sujets pour peupler ses Villes & ses Conquêtes, & cette politique ne diminuë pas pour cela ses Finances ; car l'argent quelle donne, se dépense presque tout chez elle.

Ses monnoies. Presque toutes les monnoies d'Italie ont cours à Venise, à proportion de leur poids & de leur titre : cependant la République ne laisse pas de faire battre des Pistoles, des Sequins, des Ducatons, des écus, des pieces de vingt-quatre sols, de vingt sols, des Gazettes, &c. Le Sequin y vaut dix-sept livres ou deux Ducats, la Pistole vingt-huit livres, le Ducaton six livres, quatre sols, l'écu neuf livres douze sols, & la Gazette deux sols. Le Ducat ne vaut qu'environ cinquante sols de France, & il faut quarante-huit à cinquante sols de Venise, pour faire une livre de France.

Ce n'est pas sans raisons que Venise passe pour une des plus riches Villes du monde ; puis qu'elle n'a jamais été ni prise ni pillée par ses ennemis ; aussi dit-on communément qu'il est aussi peu possible que l'argent manque au Trésor de Saint Marc, que les Soldats à la France.

Sa Capitale. La Ville de Venise est la Capitale de cet Etat, à qui elle a donné son nom ; j'ai déja dit qu'elle est puissante, & je puis ajoûter que si elle avoit de l'eau douce, il ne lui manqueroit rien, ce défaut lui vient de ce qu'elle est bâtie dans septante-deux Isles marecageuses. La plûpart des Autheurs conviennent que la fondation de Venise doit être comptée depuis l'an 421. de nôtre salut, & quelques-uns ajoûtent que ce fut le vingt-cinquiéme

Mars

Mars, qu'on commença à y bâtir quelques maisons. Ce jour là est remarqué principalement, parce que c'est celui de la Creation du monde, & celui de l'incarnation de nôtre Seigneur. Ce furent les Padoüans qui fonderent cette Ville, parce qu'Attila Roi des Huns, après avoir ruïné Aquilée, entreprit de subjuguer & ruïner toute l'Italie. Ses cruautez obligerent les Padoüans & les autres peuples qui habitoient entre les Alpes & le Golfe que nous appellons de Venise, de se refugier dans quelques méchans Marais. En 421. ils commencerent à bâtir quelques maisons dans l'Isle de Rialto, qu'on proclama place d'Azile & de refuge, &

ITALIE avec le tems, ces bâtimens se multiplierent de telle sorte, que la Ville de Venise occupe presentement soixante douze Isles, qu'on a jointes par 450. Ponts; & comme le terrain n'a pas été jugé propre pour y jetter de solides fondemens, on à tout bâti sur pilotis ; ainsi que l'est la Ville d'Amsterdam en Hollande. Le Pont de Rialto sur le grand Canal, est le plus beau de tous ceux de Venise, & même de toute l'Europe : Il n'a qu'une seule Arcade toute de Marbre; il est bâti sur 6328. pilotis; & bordé de deux rangs de boutiques. Cette situation est cause qu'on ne se sert point de Carrosses à Venise. Lors qu'on va par la

Ville, on se met dans de petites Chaloupes qu'on appelle Gondolles, dont tous les Canaux sont couverts. Ces Canaux & les Ponts sont bordez de pierres blanches fort glissantes, & comme les femmes y sont belles, & les gens de robe à craindre, cela a donné lieu à un Proverbe, qui avertit les étrangers de se donner de garde, *delle donne, delle pietre bianche, & delle robe longhe.*

Dans les commencemens, Venise fut gouvernée en Democratie, sous des Consuls & des Tribuns; chacune des Isles en eût de particuliers, qui s'érigerent en petits Souverains; mais la jalousie qui s'éleva entr'eux, fut cause qu'en l'année 709. les Tri-

ITALIE buns des douze principales Isles, resolurent de composer une République & d'élire un Chef pour leur commander : ils jetterent les yeux sur Paul Luce Anafeste, à qui on donna le titre de Duc ou Doge; ce premier Doge & ses Successeurs regnerent avec une autorité absoluë jusqu'en 1172. parce que de leur vivant ils faisoient élire leurs enfans ou leurs freres pour leurs Successeurs, & vouloient par ainsi rendre hereditaires dans leurs familles la dignité de Doge, ainsi que le fait aujourd'hui la Maison d'Autriche pour celle d'Empereur. Mais les principaux Citoiens abolirent l'élection qui s'étoit faite jusqu'alors par tout le peuple, & établit un Conseil indépendant & Souverain, dont on tiroit les Electeurs du Doge : ce Tribunal étoit composé de 240. Citoiens choisis indifferemment dans tous les Etats de la Noblesse, des Bourgeois & des Artisans, & on créa en même tems douze Tribuns, qui pouvoient s'opposer aux Ordonnances du Prince, si elles paroissoient injustes. Cette forme de gouvernement dura jusqu'en 1289. que le Doge Pierre Gradenigo le changea en une véritable Aristocratie, tel qu'il est encore aujourd'hui, toute l'authorité étant tombée entre les mains d'un certain nombre de familles, écrites au Livre d'or, qui est le Registre de la Noblesse Vénitiene.

Les Conseils. Il y a quatre differents Conseils à Venise, le premier qu'on appelle *le grand Conseil*, composé de deux mille Nobles, d'où l'on tire tous les Magistrats, Podestats, Generaux d'armée, Provediteurs, Ambassadeurs, &c. Il fait toutes les Loix qu'il juge necessaires pour le bien de l'Etat. Le second s'appelle *le Conseil des priez*, qui décide tout ce qui regarde la Guerre, la Paix, les Alliances & les Ligues : c'est ce que nous appellons le Senat de Venise. Le troisiéme est le Conseil qu'on nomme *le College*, composé de vingt-six Nobles, il donne audiance aux Ambassadeurs, &

porte leurs demandes au Senat. Le quatriéme est *le Conseil des dix*, qui juge tous les crimes d'Etat, & est le plus redoutable Tribunal de l'Europe; on le renouvelle tous les ans. Tous les mois ce Conseil élit trois Inquisiteurs d'Etat, qui sont toûjours pris d'entre les dix ; parce qu'il faut que chacun le soit à son tour, & ce Triumvirat a une telle authorité, quil peut ôter la vie au Doge comme au moindre sujet de la République, sans en rien communiquer au Senat. Ce Tribunal a fait mettre contre les murailles du Palais, diverses têtes de Marbre, qui ont des bouches béantes, sous lesquelles on lit *Denuncie secrette*, Dénonciations secretes, où l'on jette des billets par lesquels on veut accuser quelque Magistrat ou quelque autre personne de corespondance criminelle ; & c'est sur ces accusations & quelquefois sur le moindre soupçon, qu'on y fait mourir des gens qui n'ont fait d'autre crime, que celui de ne plaire pas à leurs ennemis : la politique de Venise veut qu'on ôte plûtôt la vie à dix innocents, que de laisser un coupable impuni. Il ne faut pas oublier de dire, que les Nobles Venitiens qui se font d'Eglise sont exclus, pour jamais de l'entrée des Conseils & de toutes les Charges de l'Etat : ce qui se fait pour empêcher que la Cour de Rome ne puisse prendre aucune connoissance des secrets du Senat.

A l'égard du spirituel, Venise est gouvernée par un Patriarche, qui par une rubrique fort singuliere, ne met à la tête de ses Mandemens que *N. Divina miseratione Venetiarum Patriarcha*, sans jamais ajoûter, comme font les Prelats de l'Eglise Romaine, *& Sanctæ sedis Apostolicæ gratia*, comme s'il n'en étoit pas membre : Il est Primat de Dalmatie, & Metropolitain des Archevêques de Candie & de Corfu. Venise a encore un autre Patriarchat dans ses terres; c'est celui d'Aquilée, dont le siege est à Udine dans le Frioul, & comme la Ville d'Aquilée appartient aujourd'hui à l'Empereur, il prétend avoir droit de nommer à ce Patriarchat; mais les Vénitiens, pour empêcher qu'il ne vienne jamais à vaquer, ont donné pouvoir au Patriarche, de se choisir un Coadjuteur & Successeur, dès qu'il est parvenu à cette dignité, que le Senat ne manque pas de confirmer d'abord, s'il l'en juge digne.

Du Doge. La charge du Doge de Venise est à vie, on choisit ordinairement pour cet emploi un vieillard qui ait été Ambassadeur dans les principales Cours de l'Europe, afin qu'il ait une parfaite connoissance des païs étrangers. Il ne peut sortir de la *Laguna* sans permission, & ne peut rien faire sans l'avis de six

Conseillers qu'on lui donne choisis des plus considerables Gentilshommes de la République. Quand le Doge opine dans le Senat, il n'a qu'une voix : mais son suffrage est compté pour deux dans le grand Conseil. Le Doge est vêtu d'une robe de pourpre à manches pendantes, & lors qu'il marche à quelque cérémonie publique, il va sous un Daiz de Drap d'or, precedé de huit trompettes d'argent, & d'un enfant portant un flambeau de cire blanche ; on porte l'épée derriere lui, ce qui est une marque de sa dépendence. Toutes les déclarations & les lettres de l'Etat sont écrites en son nom : la monnoie est aussi battuë à son coin ; quoi-que cependant il y ait toûjours d'un côté un Lion & une image de St. Marc, devant lequel le Doge est à genoux. L'Election du Doge se fait de la maniere suivante ; on assemble le grand Conseil, à l'heure prescrite on ferme la porte, & aïant compté ceux qui sont dans la Salle, on jette dans un vase un pareil nombre de petites boules, parmi lesquelles il y en a trente dorées : aprés les avoir bien broüillées, chaque Gentilhomme en va prendre une. Les trente qui ont les boules dorées s'assemblent dans une autre Salle, où l'on a preparé autant de boules, dont il n'y en a que neuf dorées : les neuf Gentilshommes à qui le hazard a donné les neuf boules dorées, élisent quarante Gentilshommes de l'assemblée; ces quarante se reduisent à douze par le moïen des boules dorées: les douze en élisent vingt-cinq qui se reduisent encore à neuf. Ces neuf en choisissent quarante-cinq, qui se reduisent enfin à onze: qui choisissent les quarante un Gentilshommes, Electeurs du Doge. Ce long balotage empêche l'effet des brigues. Lors que ces Electeurs ont éte approuvez par le grand Conseil, ils s'enferment dans le Palais de Saint Marc, d'où ils ne sortent point qu'ils n'aïent élû le Doge; & il est à remarquer que pour que l'élection soit

ITALIE valable, il faut qu'elle soit appuiée de vingt-cinq suffrages: pendant que les Electeurs sont renfermez, ils sont soigneusement gardez & traitez à peu prés, comme les Cardinaux dans le Conclave.

On divise la Noblesse Venitienne en quatre Classes; la premiere comprend les familles descenduës des douze Tribuns, qui en 709. furent les Electeurs du premier Doge de Venise; elles ont par une espece de miracle subsisté jusques à present: ces douze Maisons Electorales sont les Contarini, les Morosini, les Badoüari, les Tiopoli, les Michieli, les Sanudi, les Gradenighi, les Memomi, les Falieri, les Dandoli, les Polani, & les Barozzi : Il y a encore quatre Maisons Nobles, qui subsistent depuis l'an 800. Sçavoir les Justiniani, les Cornari, les Bragadini, & les Bembi ; c'est ce qui a donné lieu d'appeller vulgairement les premiers les douze Apôtres, & ceux-ci les quatre Evangelistes : La seconde Classe est pour les familles qui commencerent d'être enrégistrez dans le Livre d'or ou Catalogue des Nobles, lors que le Doge Gradenigo établit l'Aristocratie en 1289. La troisiéme comprend environ quatre-vingt-dix ou cent familles, qui ont acheté leur Noblesse, moïenant cent mille Ducats chacune : ces Nobles ne sont jamais emploïez dans les grandes charges de la République. Le quatriéme ordre de la Noblesse, c'est celle que la République confere aux Princes étrangers & autres personnes illustres : Il y a même des Rois qui ont été bien-aises d'être faits Nobles Venitiens, & sans en chercher des exemples plus loin, peu de gens ignorent qu'Henri III. & Henri le Grand Rois de France, ont été agregez au Corps de cette Noblesse.

Les Nobles Venitiens vont par la Ville avec une robe longue noire, & un bonnet noir de tissu, bordé d'une frange qui pend tout au tour, & accompagne leurs cheveux : Car ils ne portent point de Perruques ; leurs robes sont

ouvertes

ouvertes par devant, & laiſſent entrevoir une Soûtane d'une riche étoffe: leurs ſouliers ſont tous de Maroquin noir, & ils ont l'air fort grave & majeſtueux: Cette Nobleſſe leur ôte la liberté de converſer avec les étrangers, & la jalouſie qu'ils ont contre toutes les autres Nations, ne leur permet pas ſeulement de rendre viſite, ni faire la moindre civilité aux Ambaſſadeurs, à leurs femmes, ni à aucune perſonne de leur maiſon, ſans une permiſſion expreſſe du Senat; ils n'oſeroient pas même parler à un Marchand Venitien, qui ſeroit connu pour frequenter dans l'Hôtel d'un Miniſtre étranger.

Aprés avoir parlé du gouvernement, politique & Ecclesiastique de Venise, je dirai un mot de ce qu'on y peut voir de plus digne de la curiosité des Voïageurs. S'ils s'y rencontrent à la feste de l'Ascension ; ils verront la cérémonie qu'on y fait tous les ans à pareil jour, lors que le Doge va épouser la Mer. Ce Prince & les Senateurs en robe rouge, accompagné du Patriarche, du Nonce du Pape, & des Ambassadeurs, monte sur le *Bucentaure*, qui est une espece de Galere à deux étages, dorée jusques à l'eau, couverte d'un velours Cramoisy, avec de larges bandes d'or ; & suivie de toute la Noblesse & du peuple dans quatre à cinq mille Gondoles ou autres bâtimens, on s'avance jusqu'à un mille dans la haute Mer. Alors le Doge épouse le Golfe ou Mer Adriatique, en témoignage que la République en est Maîtresse. La cérémonie de cette Alliance se fait en jettant par le Doge un Anneau d'or dans la Mer, & disant, *nous vous épousons nôtre Mer, pour marque d'une veritable & perpetuelle Seigneurie*, & le Patriarche donne ensuite la benediction au bruit de l'artillerie: de là on va entendre la Messe au Lido, d'où l'on retourne au Palais où le Doge traitte les Senateurs & autres grands Seigneurs. Le Pape Alexandre III. institua cette cérémonie, pour marquer sa gratitude à la République, qui l'avoit si fortement appuïé contre les persecutions de l'Empereur Frederic Barberousse : mais c'est une erreur de croire sur la Foi de quelques historiens mal informez, que la République de Venise tient la Souveraineté du Golfe Adriatique, des mains du même Pape; parce qu'outre que ce droit n'a jamais été disputé aux Venitiens, le Saint Siege n'avoit jamais rien eu ni prétendu sur la Mer Adriatique; ainsi ce Pontife ne pouvoit pas donner à la République, une chose qui ne lui appartenoit pas : & il ne faut que lire les propres paroles que le Pape Alexandre dit au Doge Ziani, en recomnoissant le droit de la République, &

instituant la cérémonie de ce mariage, dont voici la teneur. *Recevez,* lui dit-il, *cet Anneau pour le donner tous les ans à pareil jour à la Mer, comme à vôtre legitime épouse, afin que toute la posterité sçache que la Mer vous appartient par le droit des armes.*

L'Eglise Metropolitaine étoit autrefois dediée à Saint Theodore; mais depuis que le corps de Saint Marc y fût apporté d'Alexandrie, la Ville a pris cet Evangeliste pour son Patron, & cette Eglise est consacrée sous son nom; c'est un des plus beaux édifices du monde; & ce qui surprend d'avantage, c'est qu'un si pesant fardeau n'ait d'autres fondemens que des Pilotis. La tour qui lui sert de clocher, est une de plus hautes d'Italie. Cette Eglise n'est bâtie que de Marbre de toutes couleurs & du plus fin d'Italie ; son pavé est de Jaspe & de Porphire, travaillé à la Mosaïque. Le Maître Autel est soûtenu par quatre grands pilliers, sur lesquels on voit en relief l'histoire du vieux & nouveau Testament, & au dessus il y a un Globe d'or & d'argent, enrichi de Perles & de Diamans. La Chapelle du Saint Sacrement est soûtenuë par quatre colomnes d'Albatre, qui, dit-on, ont servi au Temple de Salomon : l'Eglise, divisée en cinq Domes, est couverte de plomb, & a cinq portes de bronze : on voit sur la principale 4. chevaux de même métail dorez, qui avoient été emploïez à l'arc de Triomphe qu'on érigea à Rome à l'honneur de Neron, aprés qu'il eût vaincu les Partes, & ensuite portez à Constantinople pour orner l'arc de Triomphe de Constantin, d'où les Venitiens les enleverent, lors du saccagement de cette grande Ville. Cet édifice est soûtenu par trente-six colomnes de Marbre de deux pieds de Diametre, on monte sur le clocher, qui a 246. pieds de haut, sur quarante de large, par une pente fort douce & sans degré.

Le Tresor de cette Eglise renferme des richesses immenses; entre autres douze Couronnes Roïales, & douze

ITALIE Corcelets d'or massif, enrichis de Perles & de Diamans. Dix Rubis de huit onces chacun, un Saphir de dix onces, un vase d'Emeraude, un plat d'une seule Turquoise, un seau à puiser de l'eau d'une seule piece de Grenat; le bonnet à corne du Doge enrichi de gros Diamans & de Perles d'Orient, un des clous de la Croix de nôtre Seigneur, & une infinité d'autres richesses, sans parler des ornemens de l'Eglise, où il y a quantité de Ciboires, de Croix, de Chandeliers d'or & d'argent, de cristal, & une infinité de Reliques, dont la principale est le corps de St. Marc, & son Evangile écrit de sa propre main.

Ceux qui visiteront l'Eglise

se de Saint Luc, y verront le Tombeau de Pierre d'Aretin, qui vivoit dans le quinziéme siécle, & s'étoit rendu fameux par ses écrits Satyriques, qui lui acquirent des presents & des pensions de plusieurs grands hommes, entre autres de l'Empereur Charlequint & du Roi François I. soit qu'ils craignissent sa Satyire, soit qu'ils estimassent sa maniere d'écrire, qui lui fit faire l'Epitaphe suivante;

Qui giace l'Aretin Poëta Tosca
Che d'ognun disse malo che di Dio
Scusandosi col dir'jo n'ol conosco.

Quelques-uns l'ont ainsi traduite en nôtre Langue.

*Le tems par qui tout se con-
sume
Sous cette pierre a mis le Corps
De l'Aretin de qui la plume
Blessa les vivans & les morts;
Son ancre noircit la memoire
Des Monarques de qui la gloi-
re
Est vivante aprés le trepas :
Et s'il n'a pas contre Dieu mê-
me
Vomi quelqu'horible blasphê-
me
C'est qu'il ne le connoissoit
pas.*

Le Palais de Saint Marc, est admiré de tous les étrangers : Il a deux faces, sur le devant revétuës de Marbre blanc & rouge, & est couvert de lames de bronze depuis l'embrasement de 1514. qui consuma le plomb dont il étoit couvert. On ne voit qu'or & azur dans tous les appartemens, & une infinité de Statuës fort belles & extrêmement curieuses. La Salle du grand Conseil est longue de 150. pieds sur 73. de large, environnée d'autres Salles remplies d'armes, dont la plûpart sont toûjours chargées. On y voit entre autres les armes, dont Henri le Grand, Roi de France se servit pour reduire son Roïaume à son obeïssance, desquelles il fit present à la République: un Canon & son affut tout d'argent massif, un coffre à l'ouverture, duquel quatre pistolets tirent & tuëroient celui qui l'ouvre, s'ils étoient chargez; un gros Canon qui tire trois coups à la fois, & un plus petit qui en tire sept. Dans cette Salle d'armes il y a des mousquets, des piques & des épées, pour armer dans un moment mille hommes, pour la seureté du Senat, & les choses sont disposées de maniere, qu'en tirant une corde par un bout, toutes ces armes tombent dans les mains de ceux qui en ont besoin ; les mousquets sont toûjours chargez, & ceux qui en sont saisis, en sortant de la Salle trouvent une grosse boule percée, d'autant de trous qu'il y a de mousquets, dans chacun desquels il y a une mêche qu'on tire allumée, parce que par le moïen d'une machine, & de la poudre qui est parsemée dans cette concavité, on met le feu à toutes ces mêches dans un moment.

La place de Saint Marc est environnée de belles maisons, dont la Cimetrie est parfaitement bien ordonnée; l'Hôtel des monnoies en est une des plus belles, & construite de maniere qu'elle ne craint point le feu, parce que toutes les portes & les fenêtres ne sont que du fer, & qu'on n'y a point emploïé du bois. Au milieu de la place on a planté trois grands Mats de Navire, pour arborer les Etendars d'or & de soïe de la République aux fêtes solemnelles, & au bout du côté de la Mer, on a élevé deux colomnes de Marbre d'une seule piece de la hauteur d'environ soixante brasses, & de huit de circuit sur l'une desquelles on a élevé le Lion ailé de St. Marc, & sur l'autre la Statuë dorée de St. Theodore.

L'Arsenal de Venise est un des plus beaux & des mieux fournis de toutes sortes d'armes que nous aïons en Europe : on y montre aux curieux les armes de Bajamonte-Theopoli, qui à la tête de huit cents Scelerats, avoit résolu de faire main-basse sur le Senat, pendant qu'il étoit assemblé, & de s'emparer de la Souveraineté : Ils portoient tous leurs armes cachées sous leurs habits, pendant qu'il paroissoit au dehors des bras artificiels : mais comme ils étoient en marche pour se rendre au Palais, il tomba d'une fenêtre un pot de fleurs sur la tête du Chef de la conspiration qui l'écrasa ; & cet accident surprit tellement ses complices, que croïant leur dessein découvert, ils se dispersèrent, & le Senat fût sauvé par ce moïen. On y montre aussi l'épée de Scanderberg, Prince d'Albanie, qui gagna sept batailles contre les Turcs, avec laquelle il fendoit un homme d'un seul coup. Il y a aussi quantité d'autres armes fort curieuses, entre autres le coffre qu'ils appellent *les Orgues du Diable*, parce qu'en l'ouvrant il tire dix coups de pistolet, qui écartant dans toute la chambre, tuent tout ce qu'ils rencontrent.

Aprés avoir vû la Ville de

ITALIE

Verrerie de Murano.

Padoue.

Venise, les étrangers ne manquent pas d'aller visiter sa fameuse Verrerie, qui est à Murano, où l'on fait des ouvrages admirables de cette matiere fragile, qu'on transporte dans toute l'Europe.

Comme je n'écris pas l'histoire de Venise ni de ses dépendances, je me dispense de parler de toutes les places que cette République possede en Italie ; je dirai seulement que Padouë est une des anciennes Villes du Domaine des Venitiens, elle a environ 2300. pas de circuit. On dit qu'Antenor en fût le fondateur, & qu'elle est beaucoup plus ancienne que Rome & Venise. L'Eglise de Saint Antoine de Lisbonne est celebre, à cause que Saint Antoine qu'on nomme préfentement de Padouë, y eft enterré: on dit que la pierre qui couvre fon Tombeau fent le Mufc; ce qui eft certain, c'eft qu'elle eft la plus belle Eglife de la Ville. Le Palais où l'on rend la juftice eft couvert de plomb; on y monte par quatre grands degrez de Marbre; la grande Salle à 256. pieds de long fur quatre-vingt-fix de large, où l'on voit les douze Signes celeftes & quantité d'autres belles peintures. Toutes les nuits à certaine heure, on y fait fonner trente-neuf coups du grand horloge, en memoire d'autant de Traitres qui voulurent autrefois livrer la Ville à fes ennemis. Padouë a diverfes

ITALIE marques d'antiquité, entre autres les restes d'un Amphitheatre dit les Arenes, proche l'Eglise des Augustins.

Veronne. Celui qu'on voit à Veronne, qui est une autre Ville des dépendances de la République, est beaucoup plus entier: Il fût élevé par l'ordre du Consul Flaminius: il a 380. pieds de long, & 220. de large; on y voit aussi un Cirque où l'on peut placer sur des sieges de Marbre plus de vingt-quatre mille personnes.

CHAPITRE VIII.

Des Republiques de Luques & de Saint Marin.

Luques est un petit Etat Républicain, qui est presque enclavé dans les terres de Toscane ; il conserve sa liberté depuis l'an 1430. sous la protection de l'Empereur, qu'il reconnoît de l'homage. Cette République a pour Chef un Gonfalonier, qui est élû tous les deux mois d'entre la Noblesse, & il a pour Ajoints neuf Anciens, qui portent le titre d'Excellentissimes; cependant ils ne peuvent rien décider, qu'il n'ait été approuvé dans

Etat de Luques.

le grand Conseil composé de 120. Bourgeois. Quoi que l'étenduë des Etats de cette République soit petite, ils ne laissent pas d'être fort peuplez, puis qu'elle peut facilement mettre vingt-mille hommes sur pied pour sa défense, & que ses revenus montent à cinq cent mille liv. tous les ans : Ses Arcenaux sont toûjours pourvûs de tout ce qui est necessaire pour soûtenir un long Siege. Le Gonfalonier, qui pendant sa Regence loge dans le Palais de la Seigneurie, & a cent Soldats pour sa garde, est vétu d'une robe de Velours ou de Damas rouge Cramoisy, avec un bonnet de la même étoffe. Il y a peu d'Etat où la Police soit

Son revenu & ses forces.

mieux reglée qu'en celui-ci.

La Ville de Luques Capitale de cet Etat, est située sur la riviere de Serchio, défenduë par onze bastions, revétus de brique avec toute la regularité possible. Elle n'est pas moins considerable par son ancienneté que par ses fortifications. On y fabrique diverses étoffes de soie, dont les Habitans font un gros trafic, & a fait meriter à leur Ville l'Epithete de *Luques l'industrieuse*.

Les Eglises y sont tres-belles, & sur tout la Cathedrale consacrée à Saint Martin, où l'on montre un Tableau, sur lequel on assure que les Anges ont posé la face de Nôtre-Seigneur: Il est couronné d'une Couronne d'or, aïant au dessus les deux premieres Lettres de l'Alpha & l'Omega, c'est-à-dire le commencement & la fin, ou celui qui est, qui étoit & qui sera ; ainsi que Saint Jean nous l'explique dans sa divine Apocalipse, Chapitre I. Dans l'Eglise des Augustins, on montre une espece d'abîme, qui s'ouvrit, dit-on, pour engloutir un joueür, qui blasphemoit le nom de son Createur.

Les Etats de la République de Saint Marin, sont encore d'une moindre étendue que ceux de Luques, parce qu'ils se renferment en la seule Ville de Saint Marin & en quelques Châteaux qui servent à sa défense, & à peine comprend-elle six mille Habitans: Elle s'établit en l'an 600. de Nôtre-Salut, & s'est toûjours maintenuë sous la protection du Pape; étant presqu'enclavée dans les Etats de l'Eglise: elle est gouvernée par deux Capitaines qu'on renouvelle tous les ans; elle garde toûjours sa gravité, principalement à l'égard des autres Républiques, & quand elle écrit à celle de Venise, elle la traite de *Chere-sœur.*

La Ville de Saint Marin est forte, non seulement par sa situation, qui est sur le sommet d'une montagne dans le Duché d'Urbin, mais aussi par ses fortifications, qui sont assez regulieres, & par quelques Châteaux qui la couvrent; elle a pris son nom

ITALIE

Sa Capitale.

de Saint Marin, qui étoit un tailleur de pierre, natif de Dalmatie; il passa en Italie dans le troisiéme siecle, où s'étant donné à la pieté, il prêchoit l'Evangile aux Païens, & en convertit plusieurs à la Foi de JESUS-CHRIST. Il mourut dans une espece d'hermitage, où il avoit son Oratoire, sur la montagne où la Ville de St. Marin se trouve présentement bâtie.

CHAPITRE IX.

De la Toscane.

L'Etat de Toscane est purement Monarchique & despotique: il est composé de de trois Etats, qui ont autrefois été autant de Républiques, sçavoir le Florentin, le Pisan & le Sienois, qui tirent chacun leur nom de leur Ville Capitale, où le grand Duc a fait faire de bonnes Citadelles. Cet Etat est un des plus considerables d'Italie, il ne lui manque que le titre de Roïaume, qu'un Pape de cette maison avoit eu dessein de lui donner; cependant suivant un Proverbe Italien, il faudroit au grand Duc, Luques & Sarzane pour être Roi de Toscane.

Ce Prince est un des plus riches d'Italie ; son revenu ordinaire monte à deux millions & demi d'écus, & on prétend qu'il y a plus de vingt cinq millions d'or dans

ITALIE

Ses forces.

son Trésor, outre ses meubles & ses joïaux, qui sont d'un prix infini. Ce Duc peut mettre sous les armes 30000. hommes de pied, & 3000. chevaux ; & à l'égard de ses forces maritimes, il mettra en Mer dans un besoin vingt Vaisseaux de guerre, douze Galeres & quelques Galeaces.

Ses monnoies.

A l'égard des monnoies, les Pistolles d'Espagne, les Piastres & les Reales du Perou, ont cours dans cet Etat, pourveu qu'elles soient de poids : celles que le grand Duc fait battre, sont des Pistolles, des Ducatons, des Jules & des Graces : La Pistolle d'Espagne vaut quarante-deux livres du païs ; mais celle de Toscane n'en vaut que

quarante : Le Ducaton vaut ITALIE
sept livres ; un Jule vaut huit
Graces, qui est une petite
monnoie de cuivre & d'argent : une livre vaut un Jule
& demi, chaque Grace vaut
environ onze deniers de France, de sorte que la livre de
Toscane, ne vaut qu'onze sols
de France.

 Florence est la Ville Capi- Sa Capitale de cet Etat, avec Arche- tale.
vêché, érigé l'an 1421. par
le Pape Martin V. elle est
surnommée la Belle, parce
que sans difficulté, elle surpasse en beauté & en magnificence toutes celles de son
voisinage : sa situation n'y
contribuë pas peu, étant bâtie sur la riviere d'Arne, qui
la separe en deux parties inégales, jointes par quatre

O ij

ITALIE Ponts de pierre. Elle a environ six mille de circuit, ses ruës sont fort propres & bien entretenuës. Quelques Autheurs veulent que les Soldats de Silla aïent été les fondateurs de Florence, à qui on avoit donné ce terrain pour recompense de leurs services; qu'elle fut d'abord appellée *Fluentia*, à cause des rivieres d'Arne & de la Maine; mais que la fertilité du païs, lui fit ensuite donner le nom de *Florentia*.

Son Palais. Le séjour ordinaire de la Cour du grand Duc ne contribuë pas peu à sa magnificence; le Palais de ce Prince est assurément digne du séjour d'un Empereur : Il est enrichi des plus belles statuës de marbre & de bronze, qu'on puisse trouver ailleurs, la sculpture, la peinture & la dorure y sont par profusion: sans m'engager à une description exacte de ce Palais, je remarquerai quelques-unes des pieces les plus magnifiques.

On y voit un Chandelier ou Lustre d'Ambre; un Dôme de Nacres de Perles & d'or émaillé de rouge: une Table où l'on voit la Ville & le Port de Livourne, représentée par plusieurs pierres de Jaspe, de Marbre, de Lapis, de Topases & d'Emeraudes admirablement bien enchassées: Une autre Table de Calcedoine émaillée de fleurs, revétuë d'Agates, de Lapis & d'Emeraudes, soûtenuës par huit pilliers de vermeil. Un

Cabinet de Gé, enrichi de plusieurs lames d'or, avec sept portes, qui sont autant de jeux d'orgues, & en dedans la Passion de Nôtre-Seigneur, figurée en Marbre: Une pierre d'Aiman, qui soûtient environ soixante livres de fer ; mais elle a perdu beaucoup de sa vertu depuis le dernier embrasement de ce Palais. Un cloud moitié fer & moitié or, qu'on prétendoit être l'effet de l'artifice de la Chimie; mais depuis quelques années on a reconnu qu'on avoit soudé ces deux métaux, d'une maniere si imperceptible, qu'il n'étoit pas possible de le voir. Il y a aussi une Table d'Agate, une statuë de Loüis XIII. Roi de France, à cheval d'or massif ; un service entier de Vaisselle d'or massif, & une quantité prodigieuse d'argent & de vermeil ; enfin tous les appartemens de ce Palais & les équipages du grand Duc, sont proportionnez à cette richesse. Il y a un petit Fort dans l'anceinte du jardin du Palais ; où sont renfermées les Finances de S. A. S.

Ces richesses ne sont pas les seules choses que ce Palais renferme, dignes de la curiosité des étrangers : La Galerie des Portraits de la famille de Medicis, & ceux des plus fameux hommes de ce siecle, tant pour les lettres que pour les armes, occupera agréablement l'attention du Vöiageur pendant quelques heures. Ceux des Capitaines sont à la droite, parmi lesquels on voit Annibal, qui donna l'épouvente à Rome; Scipion qui prit Cartage & vainquit Annibal: Pirrus qui rejoüit Rome en lui déclarant la guerre; Scanderberg qui épouvanta les Turcs: Alexandre Farneze qui ne perdit jamais de bataille: Cortesius qui découvrit le premier les terres de Magelan; André Doria qui fit souftraire Genes de la Domination des François: Gaston de Foix, dont la memoire est encore redoutée par les Espagnols: Le Duc d'Alve, qui quoi-que cruel & sanguinaire avoit fait plusieurs actions dignes d'un grand Capitaine, & qui regreta à sa mort, non les

maux

naux qu'il avoit faits, mais le n'avoir jamais combattu contre les Turcs: Castruccio dont personne n'a jamais dit de mal ; Eccelino, dont on ne sçauroit dire du bien, & de Madame de Montmorancy, qui fut bien aise de mourir dans une bâtaille contre les Religionaires de France.

Dans une Salle voisine, on remarque plusieurs armes curieuses; une Arquebuse dont le Canon est d'or, & qui tire une fois plus loin qu'un de fer; Il y a aussi un Pistolet qu'on appelle la *Buona notte*, ou le bon soir; on le met dans la poche, & il tire cinq coups tout à la fois : Il y en a un autre qui a dix-huit Canons, & tire autant de coups à la fois, en sorte que portant de toutes parts, il peut blesser tout ce qui se trouve dans une Chambre. On y voit aussi plusieurs armes à ressort ou pliantes, pour porter secretement.

Dans un Cabinet il y a un miroir, qui lors qu'un homme s'y mire, la glace lui fait voir une femme ; & si c'est une femme, elle lui represente un homme. J'oubliois de dire que parmi les bijoux du grand Duc, il y a un gros Diamant de l'épaisseur d'un doigt, qui pese cent trente-huit Carats, & passe pour le plus beau qui soit en Europe, aussi l'estime-t-on cent cinquante mille écus.

L'Eglise de Sainte Marie de la Fleur, est la Cathedrale de Florence : elle est revétuë en dehors de grands carreaux de Marbre blanc, rouge & noir entremêlez, qui font un tres-bel effet : le dedans est proportionné au dehors, & son clocher est tout de Marbre, quoi-que d'une prodieuse hauteur.

ITALIE

Celle de Saint Laurens est encore fort belle ; mais ce qui la rend le plus recommandable, c'est la Chapelle où est la sepulture des Ducs de Florence. Cette Chapelle est toute bâtie de Marbre, revétuë de Jaspe, d'Albatre & d'autres pierres rares si-bien polies & travaillées, que l'ouvrage est encore plus estimé que la matiere. La voute est revétuë de Lapis de Perse qui est une pierre précieuse de couleur bleuë, entre-

Mausolée des Ducs.

P ij

coupée de veines d'or, qui approche parfaitement de la couleur du Ciel dans un tems clair & ferain. Autour de cette Chapelle on a mis les Statuës de tous les Ducs de Florence de cuivre doré avec leurs habits de cérémonie, & entre deux Tombeaux, une des Villes de l'Etat de Toscane, qui occupe tout le vuide: les principales de ces Villes font Florence, Siene, Pife, Livourne, Voltere, Arenzzo, Piftoia, Cortona & Montepulciano; en un mot la magnificence eft fi grande dans ce lieu-là, qu'elle eft capable de faire fouhaiter la mort à ceux que la vanité & l'orgueil de ce monde domine, en leur promettant de femblables monuments pour leur sepulture.

Aprés avoir veu la magnificence du Palais & des Mausolées du grand Duc, il ne sera pas hors de propos de remarquer les autres curiositez de la Ville. On voit sur le Pont qui conduit à la grande place, quatre Statuës de Marbre blanc, qui representent les quatre Saisons; & dans cette place on en voit une de bronze, sur un Piedestal de même matiere, qui represente Côme de Medicis, premier Duc de Florence & ses plus belles Actions en Relief. Cette place est devant le vieux Palais : aux deux côtez on voit les Statuës de David & d'Hercule. Sur ce Palais on a élevé une Tour haute de cent cinquante Toises, sans autres fondemens que ceux du Palais même, ce qui a donné lieu de dire que les Florentins avoient une Tour dans les airs, une dans l'eau, qui est le Phare de Livourne, & une dans terre, qui est le clocher de Florence. Proche de la riviere on voit une grande colomne, sur laquelle on a mis la Statuë de la justice en Porphire, sur laquelle les Critiques ont fait deux remarques burlesques ; l'une que la justice est placée si haut, que les pauvres n'y sçauroient atteindre, & l'autre qu'elle tourne le dos aux endroits où l'on rend ordinairement la justice.

On ne doit pas manquer de voir les maisons de Plaisance du grand Duc, dont les principales sont Poggio Imperiale, Pratolino & Lampeggio: où les berceaux, les allées, les labirintes, les grotes, les jets d'eau & tout ce qui peut rendre un endroit agréable, sont dans leur derniere perfection. Les étrangers se trouvent souvent surpris prés de la grotte de Cupidon dans le jardin de Pratolino : Car comme avant d'y arriver, on vous fait faire beaucoup de chemin, on ne manque pas d'abord de se mettre sur de certains sieges qu'il y a pour se reposer: mais on n'y est pas plûtôt, que les pilliers des bancs pressez, font sortir une infinité d'eau qui vous moüille dans un moment depuis les pieds jusqu'à la tête.

Siene avec Archevêché & Université, étoit autrefois beaucoup plus considerable qu'elle n'est aujourd'hui, puis qu'elle a eû environ soixante-quinze mille Habitans, & qu'elle n'en a pas presentement vingt-quatre mille: ses ruës sont fort larges, toutes pavées de brique. Autrefois les Sienois qui étoient chargez de famille, étoient exempts de toute sorte d'impositions, parce qu'ils avoient fourni plusieurs membres à la République, & ceux qui n'avoient point d'enfans étoient plus surchargez que les autres.

Son Eglise Cathedrale est pavée de Marbre marqueté, où l'on a gravé le Sacrifice

d'Abraham & plusieurs au-
tres histoires de l'ancienne
Alliance. Sa voûte est d'azur
avec des étoiles d'or : on y
voit les Statuës en Marbre de
plusieurs Papes & Empereurs:
& douze Anges de bronze,
qui tiennent chacun un cier-
ge. La place de Siene est de
forme ronde & tres-agréa-
ble : ses maisons sont toutes
construites avec une même
Simetrie, & soûtenuës par
des Arcades semblables à celles de la place Roïale de Paris, où l'on peut se promener hiver & été, sans être
incommodé de la pluie ni du
soleil. Le milieu de cette place est enfoncé en forme de
coquille, qu'on peut remplir
de l'eau d'une fontaine voisine, & y mettre plusieurs pe-

tites Chaloupes, pour faire un combat Naval. Proche la porte Romaine, on voit sur deux hautes colomnes une Louve allaitant Remus & Romulus.

Pise.

Si Siene a perdu son ancienne splendeur, Pise n'a pas été moins malheureuse: Car elle a été la plus puissante Ville de toute la Toscane, étant Maîtresse des Isles de Corse & de Sardaigne, aussi-bien que de la Ville de Cartage, & on a vû jusqu'à cinquante Galeres dans son Port qui lui appartenoient; mais elle n'est plus distinguée que par son Archevêché, son Université, & la maison des Chevaliers de Saint Etienne, où plusieurs qui preferent le Celibat au mariage font entretenus aux dépens de l'Ordre : Ils portent tous une Croix de Satin rouge fur leurs habits. On voit dans l'Eglife de Saint Etienne, plufieurs Pavillons, Faneaux & Drapeaux pris fur les Turcs par ces Chevaliers.

On admire le clocher du Dôme ou Eglife Cathedrale, foit pour fa hauteur, foit parce qu'il paroît pencher d'un côté, quoi-qu'au jugement de tres-habiles Architectes, il foit auffi droit qu'il peut être. Cette Eglife eft foûtenuë par foixante-feize colomnes de Marbre de toute couleurs, & a trois portes de fonte, qu'on dit avoir fervi au Temple de Salomon. La grande place eft appellée Campo Santo, à caufe qu'on

ITALIE y mit quantité de terre que les Galeres apporterent de Jerusalem en 1224. On dit qu'il y en a aussi au milieu du grand Cimetiere de la Ville.

Livourne. Livourne ou Ligourne, est une Ville maritime de l'Etat de Toscane, dont le Port passe pour un des plus assurez & des plus commodes de toute la côte. Comme c'est une Ville nouvellement bâtie, les ruës sont droites & larges, & les maisons fort commodes. C'est où le grand Duc tient ordinairement ses Galeres & ses Vaisseaux de guerre. Le Phare de Livourne passe pour un des plus beaux & des plus necessaires d'Italie: Une des choses les plus remarquables de la Ville, c'est la Statuë en Marbre de Ferdinand I. aïant à ses pieds quatre Esclaves de bronze, qui font allusion à quatre Esclaves Turcs, qui se saisirent la nuit d'une Galere pour se sauver en Barbarie: mais ils furent pris sur le fait. Il y a des gens qui disent, que c'étoit le pere & les trois fils, qui étoient venus exprés de Turquie par l'ordre du Sultan, pour massacrer le grand Duc : mais que leur dessein étant découvert, ils furent pris & en furent châtiez.

CHAPITRE X.

De l'Etat Ecclesiastique.

Etat de l'Eglise.

CEt Etat est appellé Ecclesiastique, parce que le Pape en est le Souverain Temporel & Spirituel : Il est composé de douze Provinces, qui sont la Campagne de Rome, le Patrimoine de Saint Pierre, la terre Sabine, l'Ombrie ou Duché de Spolete, l'Orvietan, le Perugin, le Comtat de Citta di Castello, la Marche d'Ancone, le Duché d'Urbin, la Romagne, le Boulenois & le Ferrarois: Cet Etat a au Septentrion la République de Venise, à l'Occident les Ducs de Mantoue

& de Modene, au couchant le grand Duc de Toscane; & le Roïaume de Naples à l'Orient.

Le Pape peut mettre sur pied une armée de cinquante mille hommes d'Infanterie, & dix mille chevaux, & doit avoir douze Galeres pour la seureté de ses côtes. Les revenus du Saint Siege vont à environ deux millions d'or : mais les Papes ont une belle facilité pour l'augmenter quand il leur plait, & Sixte IV. avoit raison de dire, que l'argent ne lui manqueroit jamais, tant qu'il auroit une main & une plume. Cette facilité de faire venir de l'argent dans le Tresor Apostolique, a fait que plusieurs Papes n'aïant pas des

Ses forces.

Ses revenus.

enfans à pousser, comme le Pape Paul III. se sont attachez à faire la fortune de leurs neveux. Paul V. laissa au Prince de Salmone son neveu, mille écus de revenu par jour; les autres ont fait du bien aux leurs, à proportion du tems qu'ils ont occupé le Saint Siege, & c'est par ce moïen que le nombre des petits Princes s'est si fort multiplié en Italie : Innocent XII. qui occupe presentement le Saint Siége, travaille avec un zele digne de lui, à remedier à ces abus, en reglant, du consentement du Sacré College, ce que chaque neveu des Papes pourra recevoir à l'avenir des deniers de l'Eglise.

Outre les Pistoles d'Espagne,

de l'Europe. 185

gne, les Piastres, les Sequins ITALIE
& quelques autres especes é-
trangeres, qui ont cours dans Ses monnoies.
l'Etat Ecclesiastique, le Pa-
pe fait battre plusieurs sortes
de monnoies, sçavoir des Pistoles, des Piastres, des Te-
stons, des Jules, des Gros, des
demi Baïoques & des Qua-
trins. La Pistole du Pape vaut
trente Jules, & celle d'Espagne en vaut trente-un. Il faut
trois Jules pour faire un Te-
ston, le Jule vaut cinq Baïoques, & une Baïoque cinq
Quatrins, une Baïoque vaut
environ huit deniers de France, le Jule trois sols quatre
deniers; de sorte que sur ce
pied-là, la Pistole de l'Etat
Ecclesiastique, ne vaut que
cent sols, monnoie de France.

Tome III.   Q

ITALIE

Boulogne.

Comme je destine un Article particulier à la Ville de Rome, je ne ferai mention dans ce Chapitre que des autres principales Villes de l'Etat Ecclesiastique. Je commencerai par Boulogne, qu'on surnomme la Grasse, à cause de la bonté & fertilité de son terroir. Elle est si agréablement bâtie, que la plûpart des ruës sont en Portiques ou Galeries, sous lesquelles on marche à couvert de la pluie & du soleil: elle a environ cinq mille de circuit, & si l'air y étoit moins malsain, ce seroit un des plus beaux séjours d'Italie. Quoiqu'elle soit soûmise au Saint Siege, elle est regardée à Rome plûtôt comme sœur que comme sujette, parce qu'en se donnant volontairement à l'Eglise, elle se conserva la liberté d'envoïer des Ambassadeurs à Rome, où elle en a toûjours un ; ce qui tient un peu bridez les Legats du Saint Siege à Boulogne.

Les Boulonnois ont encore un Privilege considerable: c'est que si un Bourgeois en tuë un autre, & qu'il se puisse sauver, ses biens ne peuvent pas être confisquez. Il y a une tour à Boulogne, semblable à celle de Pise dont j'ai parlé, qui par le haut panche plus d'un côté que d'autre : les uns disent que c'est un effet de l'Art, les autres que sa cause vient d'un tremblement de terre. On voit dans le Tresor de l'Eglise des Dominicains, une Bible manuscrite en parchemin, qu'on dit être écrite de la main d'Esdras. Ceux qui visiteront les Eglises de Boulogne, ne manqueront pas de voir le corps de Catherine de Vigri, Religieuse de l'Ordre de Sainte Claire, qui quoique morte l'an 1463. est encore dans son entier & aussi frais que s'il ne venoit que d'expirer : mais ce qui est le plus surprenant, c'est que tous les mois on lui coupe ses ongles, & une fois tous les ans ses cheveux, en présence de quantité de personnes de probité ; & cependant les ongles & les cheveux ne laissent pas de croître, comme si elle étoit encore vivante.

Il y a une infinité de belles maisons de Plaisance aux environs de Boulogne, & celle du Senateur Volta passe pour une des plus magnifiques : On y trouve une inscription qui a exercé l'esprit des Sçavans de plusieurs Nations ; pour moi qui ne puis pas aspirer à cette qualité, je me contenterai de rapporter ici ce que les autres en ont dit. Cette inscription énigmatique est Latine, & on pretend qu'elle avoit été faite pour une personne, qui n'étoit ni homme ni femme, ni hermaphrodite ; qui n'étoit morte, ni de faim, ni de soif, ni par le fer, ni par le poison ; mais par tout cela ensemble : qui n'étoit ni dans les eaux, ni dans le ciel, ni en terre, mais par tout, &

que cette inscription avoit été faite par Licus Agatho Priscus, qui n'étoit ni son Mari, ni son Galant, ni son Parent; mais tout cela à la fois. Il y a des gens qui ont crû deviner cette Egnime, en disant que c'étoit de l'eau de pluïe, dont on vouloit parler. Un autre a dit que c'étoit de la matiere premiere; un autre du Mercure Chimique, & un autre enfin l'a rapporté à l'amour.

Puisque mes remarques m'ont mené hors de Boulogne, je ne dois pas m'en éloigner sans dire que tres souvent on voit des environs de la Ville, un Metheore vers le Mont Appennin; lors que le tems est obscur & tenebreux: C'est un certain feu

[marginalia: ITALIE / Metheore.]

de forme ronde à peu prés, comme un Globe, que les gens du païs appellent *Bocca d'Inferno*, ou la bouche d'enfer; parce qu'il est arrivé, dit-on, que des Voïageurs, s'étant égarez de leur route pendant la nuit, cette clarté qu'ils suivoient de loin, les conduisoit dans des precipices.

La Ville d'Ancone, Capitale d'une province de l'Etat Ecclesiastique, qu'on nomme la Marche d'Ancone, est une des plus fortes de cet Etat, & ses magazins sont toûjours abondamment pourvûs, de tout ce qui est necessaire à sa défense. Son Port étoit autrefois si estimé, qu'on disoit en proverbe *Porto d'Ancona, Torre di Cremone*, &

Petro di Roma. Il étoit entierement fermé de Marbre, & les Vaisseaux tous attachez à des colomnes de même matiere, plantées le long du Port de distance en distance: mais le tems & les guerres en ont détruit la plus grande partie, & le commerce s'est jetté ailleurs. On y voit encore un bel Arc de Triomphe, que les Romains y éleverent à l'honneur de l'Empereur Trajan.

Lorette est une autre Ville de la Marche d'Ancone, bâtie sur une hauteur & tres-bien fortifiée: cette Ville est celebre depuis quelques siecles, parce qu'elle est la dépositaire de la Chambre où la Sainte Vierge conçût le Verbe Divin: Cette Chambre

de l'Europe. 193

bre peut avoir quatre Toises de long, deux de large & autant de haut: Elle est bâtie d'une pierre rougeâtre, à peu prés semblable à la Brique; mais beaucoup plus grosse & plus dure: on y voit une petite cheminée contre une des murailles à côté droit; une ancienne Armoire, où l'on conserve quelques plats & écuelles de terre, qui s'y étant trouvez lors de la transl-lation de ce bâtiment, font croire que c'est la vaisselle, dont la Sainte Vierge se servoit: on a depuis quelques années, fait une porte d'argent à cette Armoire; au bout de la Chambre il y a une fenêtre par laquelle l'Ange entra, quand il vint anoncer à cette bien-heureuse Vierge le mistere de l'Incarnation : On a embelli cette fenêtre d'un ouvrage d'argenterie. On y voit un Portrait de Nôtre-Seigneur, & celui de sa bienheureuse Mère, qu'on assure être de la main de St. Luc.

Cette chambre est presentement enfermée dans une Chapelle de l'Eglise de Lorette, dédiée à la Sainte Vierge : on voit à la faveur d'une chandelle, que ce bâtiment n'a point de fondemens : Dans le fonds il y a un Autel d'argent massif où l'on celebre la Messe depuis la pointe du jour jusqu'à midi : Il y a une infinité de richesses dans cette Eglise, qui ont souvent donné de l'émulation aux Corsaires de Barbarie de venir les enlever, sans y avoir pû reüssir. Je n'entreprendrai pas de faire une liste de tous les riches présents que la devotion des Chrétiens y ont acumulez, parce que cela me meneroit trop loin, je me contenterai de dire que la chambre & la Chapelle où elle est renfermée, ne pouvant les contenir tous, le reste de l'Eglise en abonde extrêmement: Parmi ces richesses on voit deux Couronnes & un Dauphin d'or massif, que la Reine de France, Anne d'Autriche, donna à cette Eglise aprés l'heureuse naissance du Roi Loüis XIV. une infinité de Couronnes, de lampes, de chandeliers d'or & d'argent enrichis de pierreries. Dans le Tresor de cette Eglise on voit

ITALIE plusieurs riches services d'Autel, entre autres un composé d'un Christ, des chandeliers, des burettes, d'un bassin, d'une éguiere, & le pied d'un Calice, le tout d'Ambre : Un autre service d'Agathe, un autre de cristal de Roche, un autre d'argent cizelé : je laisse à part les autres richesses, pour dire un mot de la Translation miraculeuse de cette chambre.

sa transl- L'Histoire en est gravée *lation.* sur les pilliers de la grande Eglise, en treize sortes de langues pour l'instruction des Pelerins : par laquelle on apprend, que les Turcs aïant commencé d'envahir la terre Sainte ; Dieu ne voulant pas que le lieu où son Fils avoit reçû l'Incarnation, fût pollué par les Infidéles, permit que les Anges enlevassent cette petite Maison, le neuviéme Mai 1291. pour la porter de Nazareth en Galilée où elle étoit, jusques en Dalmatie, d'autres disent en Esclavonie; que trois ou quatre ans aprés, elle fut portée par ces esprits bien-heureux dans le Diocese de Recanati, en la Marche d'Ancone, sur la terre d'une pieuse Dame nommée Lorette : mais que la situation de cette petite maison se trouvant dans un bois où les voleurs insultoient souvent les Pelerins, huit mois aprés elle fut transportée à demi lieuë de-là sur une Colline & ensuite plus loin, qui est l'endroit où l'on a bâti cette superbe Eglise, dans laquelle on a enclos cette chambre.

Plusieurs Autheurs celebres, ont confondu l'incredulité de ceux qui ont revoqué en doute la translation de cette maison; & en effet le bon sens, joint aux fortes apparences sont des preuves convaincantes que ce bâtiment a été apporté de Nazareth.

1. Il est certain qu'il n'y a aucun fondement, & qu'il semble qu'il est tombé des nuës.

2. Il n'y a point de bâtiment semblable dans toute l'Italie, ni des mêmes pierres rougeâtres, & il n'y en a jamais eu.

3. Les Chrétiens de la terre Sainte s'étant apperçûs,

que la petite maison où la Sainte Vierge avoit habité, étoit disparuë de Nazareth, sans en appercevoir aucune trace, en firent un espece de procés Verbal.

4. On a des témoignages authentiques qu'elle fut transportée en Dalmatie, & y resta prés de quatre années.

5. Lors qu'elle fut mise dans le Diocese de Recanati, ce fut dans un endroit à découvert, où l'on n'auroit pû faire élever ce bâtiment si secretement qu'il ne fût venu à la connoissance de quelqu'un de la Province.

6. Le bâtiment est trop lourd, pour y avoir été porté par des hommes.

7. Enfin il étoit impossible d'en faire accroire, non seu-

Egalement à toute la Province, mais même à toute la Chrétienté, & il se seroit trouvé sans doute quelqu'un, qui se seroit recrié contre une fausseté aussi grossiere qu'auroit été celle-là, si chacun n'avoit été amplement convaincu de la vérité de fait, & de celle que rien n'est impossible à la puissance de Dieu, qui s'est manifestée dans plusieurs autres rencontres.

Devant la grande Eglise, il y a une fort belle Statuë de bronze du Pape Sixte V. l'un des ses bienfacteurs. Les étrangers visitent les appartemens du Chapitre, qui sont fort superbes, & où l'on peut loger la Cour de plusieurs Princes à la fois. Les caves sont toûjours fournies d'ex-

cellant vin, non seulement
pour la provision du Gouverneur, des Chanoines & de
tous les Ecclesiastiques; mais
aussi pour en fournir tous les
Princes, les Cardinaux, les
Evêques, les Ambassadeurs
& généralement tous les Pelerins qui y abordent, dont
le nombre est infini. L'Apoticairerie où l'on fournit gratis des remedes à tous les Pelerins, merite aussi d'être
veuë. Il y a entre autres quatre pots de terre, sur lesquels
Raphaël Urbin a peint les
quatre Evangelistes, dont un
Ambassadeur de France a offert de la part du Roi son
Maître, de les changer pour
quatre vases d'or de même
grandeur & de même épaisseur, sans l'avoir pû obtenir;

ce qui a fait dire que les doigts de Raphaël avoient autant de vertu que ceux de Midas, qui au dire des Poëtes, changeoit en or tout ce qu'il touchoit.

Ferrare Capitale du Ferrarois, située sur un des bras du Pô, appartient aussi au St. Siege depuis 1597. qu'Alfonce II. Duc de Ferrare, de la Maison d'Est, étant mort sans enfans, la Chambre Apostolique s'en empara, comme d'un bien qu'elle prétendoit lui être devolu; ce qui ne pût se faire sans des revolutions, qui ne contribuerent pas peu à ruïner les Habitans : Cette Ville a titre de Duché, & est ornée d'un Evêché : ses ruës sont belles & les Palais magnifiques. Son

Eglise Cathedrale est des plus anciennes d'Italie: Le Pape Clement VIII. y fit construire une Citadelle de six Bastions, qui lui coûta plus de deux millions d'or, & on plaça sa Statuë au milieu de la place. Proche la porte de la place neuve, on voit deux Statuës de bronze de deux Princes de la Maison d'Este, dont l'un est representé à cheval & l'autre assis. Les criminels qui se refugient à vingt pas proche de ces figures, n'y peuvent être poursuivis. Les étrangers sont avertis, qu'avant de pouvoir loger dans les Hôteleries de Ferrare, ils doivent aller prendre un certificat à l'Hôtel de Ville.

Civitavechia est un des meilleurs Ports de Mer de l'Etat Ecclesiastique, où l'on tient ordinairement les Galeres du Saint Siege : mais il va devenir plus considerable & plus frequenté qu'il n'a jamais été, parce que le Pape Innocent XII. qui regne aujourd'hui, vient de le déclarer un Port franc, & d'accorder de grandes franchises, non seulement aux Chrétiens, mais même aux Juifs qui iront s'y établir.

Dans la Province d'Ombrie aux environs de Rome, proche d'un lieu nommé Terni, on trouve d'une terre merveilleuse, qui lors de la grande sécheresse, elle se convertit en bouë & en poudre, lors qu'il pleut. Dans la même Province on voit

marginalia: ITALIE — Terre extraordinaire. — Lac pie di Luco.

le Lac de *Pie-di Luco*, dont l'eau, dit-on, petrifie en peu de jours le bois que l'on y jette. Le Lac de Norcia ou Nocera n'est pas moins distingué par l'opinion vulgaire, qui croit que le Diable s'y proméne, & que les Magiciens s'y assemblent : Il est au moins certain que les Habitans des villages voisins ont la naïveté d'être souvent sur leur gardes, & de tâcher d'interrompre ces sortes d'assemblées. La Caverne de la Sibille est dans ce quartier-là ; on pretend que cette entrée soûterraine conduit dans un beau Roïaume, que possede la Sibille, où les hommes & les femmes se divertissent pendant le jour, & sont convertis en serpens pendant la nuit.

ITALIE

Lac de Norcia.

Caverne de la Sibille.

ITALIE

Nariri.

En visitant les environs de Rome, on voit Nariri Ville Episcopale, qu'on nommoit anciennement *méchante Ville*, à cause que ses Habitans se voiant obligez & pressez par la famine de se rendre, resolurent de mourir tous, & de s'entretuër plûtôt que de se voir la Conquête de leur ennemi : ils commencerent par égorger leurs enfans, leurs sœurs & leurs meres, peu aprés ils firent la même chose de leurs femmes, aprés quoi ils mirent le feu aux quatre coins de leur Ville & s'entretuërent tous, de sorte qu'il n'en resta pas un seul en vie.

Lac de Tivoli.

Avant de finir ce Chapitre, je dois faire remarquer à mon Lecteur, que prés de

Tivoli, Ville Episcopale de la Campagne de Rome, il y a un Lac fort profond, sur lequel il y a plusieurs petites Isles flottantes, qui lors que le vent souffle, elles sont poussées au bord du Lac par l'agitation des eaux. Ce Lac a environ cinq cens pas de long, & comme l'eau en est fort souffrée, on croit que les boüillons de cette eau, poussant du Limon sur la surface, il s'attache à des roseaux & autres herbages, qui s'augmentant par en bas, forment ces Isles qui grossissent par la suite des tems.

CHAPITRE XI.

De la Ville de Rome & de tout ce qu'elle renferme de curieux.

Rome. ROme autrefois Capitale d'un fameux Empire, & aujourd'hui la premiere Ville de la Chrétienté, est sans difficulté la plus fameuse de l'Univers; sa renommée s'est répanduë jusques dans les parties du monde les plus éloignées, où elle a fait paroître la puissance de ses armes,& la valeur de ceux qui l'ont gouvernée: on jugera de la force & de la puissance des anciens Romains, lors qu'on sçaura que leurs armées étoient de deux cens cinquante

cinquante à trois cens mille hommes; qu'ils avoient jusqu'à quinze cens Galeres, & une infinité de Vaisseaux; & enfin que les bornes de leur Empire étoient l'Euphrate, le Mont Taurus & l'Armenie au Levant, l'Ethiopie au midi, le Danube au Septentrion, & l'Ocean au Couchant : elle est aujourd'hui surnommée *la Sainte*, tant à cause qu'elle a été arrosée du sang d'une infinité de Martyrs, que parce qu'elle est le séjour ordinaire des Papes, qui sont les Chefs visibles de l'Eglise Catholique.

Cette fameuse Ville fût fondée l'an du monde 3301. par Remus & Romulus, freres Gemeaux, qui étoient petits fils du côté de Rhea Silvia

ITALIE leur mere,(Car leur pere n'a pas été connu;) ce qui a donné lieu aux historiens fabuleux, de les faire enfans du Dieu Mars, parce que leur mere se trouva grosse, bien qu'elle eût été mise au nombre des Vierges Vestales. Ils étoient petits-fils dis-je, de Numitor Roi d'Albanie. Ces deux Fondateurs eurent quelques differents, touchant le nom qu'on donneroit à cette Ville: quelques Auteurs veulent qu'elle fût d'abord nommée Valence; mais que les difficultez entre les deux freres étant levées, en faveur de Romulus, il lui donna le nom de Rome, & fut le premier des sept Rois qui la gouvernerent; aprés lesquels elle eût des Consuls jusqu'à Ju-

de l'Europe. 211

les Cesar, qui fût le premier ITALIE
Empereur de Rome.

Quoi-que cette Ville ait souffert un nombre infini de saccagemens & d'incendies, tant de la part des étrangers, que de ses propres Citoïens, elle n'a pas laissé de conserver de beaux restes de son ancienneté & de sa magnificence : elle n'est pourtant pas si puissante ni si grande qu'elle l'a été autrefois, puis *Son cir-* que l'histoire nous apprend *cuit.* qu'elle a eu trente, quarante & cinquante milles de circuit, & elle n'en a plus que treize à quatorze ou 23050. pas communs, & trois cens soixante Tours dans son en- *Ses por-* ceinte. Elle avoit autrefois *tes.* trente portes, qui donnerent lieu à autant de grands che-

S iij

mins qui y conduisoient, lesquels sont encore pavez de grandes pierres, & la plûpart ornez de colomnes de Marbre qu'on y avoit posez de mille en mille ; & c'étoit le long de ces chemins qu'on enterroit les morts, y aiant une Loi qui défendoit de leur donner sepulture dans la Ville : Il n'y a plus que dix-neuf portes, dont voici leurs noms anciens & modernes.
1. La porte del Popolo, appellée autrefois Flaminie. 2. La porte de Sainte Metodie, autrefois Gabiosa. 3. La porte Piciane, autrefois Colatine. 4. La porte Latine, autrefois Ferentine. 5. La porte Agonie, autrefois Quirinalle. 6. La porte de Saint Sebastien, autrefois Capene.

de l'Europe. 213

7. La porte de Saint Agnés ou Pie, autrefois Viminale. 8. La porte de Saint Paul ou d'Ostia, autrefois Trigemine. 9. La porte Ripa, autrefois Portuense. 10. La porte Saint Laurens, autrefois Esquiline. 11. La porte Saint Pancrace, autrefois Aurelie & Septime. 12. La porte Major, autrefois Nevie. 13. La porte Septimiane, autrefois Fontinale. 14. La porte de Saint Jean, autrefois Caelimontane. 15. La porte Vaticane, proche le Tibre. 16. La porte Fabricia. 17. La porte Pertusa. 18. La porte Angelica. 19. Et la porte del Castello.

Rome est peuplée d'environ trois cens mille Chrétiens, & de huit à dix mille Juifs, qui sont obligez d'en-

ITALIE

Son peuple.

ITALIE — tendre tous les Samedis le Sermon d'un Religieux, sur leur incredulité. Le circuit de Rome comprend douze montagnes : mais ordinairement on n'en compte que les sept plus grandes, qui sont

Ses Monts.

1. Le Mont Capitolin, où l'on avoit autrefois bâti des Temples pour plus de soixante Divinitez. 2. Le Mont Palatin séjour des anciens Rois, où l'on voit aujourd'hui quantité de voûtes soûterraines & la vigne Farnaise, qui est un des plus beaux Jardins de plaisance d'Italie. 3. Le Mont Aventin, où est presentement Sainte Sabine. 4. Le Mont Celien, qui s'étend depuis St. Gregoire, jusqu'à Saint Jean de Latran. 5. Le Mont Esquilin, ainsi nommé à cause

de la sentinelle qu'on y met : ITALIE
6. Le Mont Viminal, qui tire son nom des Oziers, dont il étoit autrefois couvert, que les Latins appellent Vimina.
7. Et le Mont Quirinal, aujourd'hui Monte-Cavallo: depuis qu'on y a placé deux chevaux Bucephales de Marbre, que Thiridate Roi d'Armenie donna à Neron : les Papes y ont fait bâtir un superbe Palais, pour leur demeure d'Eté. Les autres cinq sont les Monts Janicule, Pincio, Vatican, Citorio, & Giordano.

On compte quatre-vingts-treize Paroisses à Rome, & plus de trois cens Eglises: les sept principales qu'on visite pour gagner les Indulgences, sont celles de Saint

Les sept Eglises.

ITALIE Pierre du Vatican, de Saint Paul hors la Ville, de Sainte Marie Majeure, de Saint Sebastien hors la porte de même nom, de Saint Jean de Latran, de Sainte Croix en Jerusalem, & de Saint Laurens hors la porte de même nom : mais je parlerai plus bas de ces Eglises & des autres, qui ont quelque prérogative : dans les grands chaleurs on visite celle de Sainte Marie del Popolo, er 'a place de Saint Sebastien.

Son gouvernement.
Il y a de deux sortes de gouvernemens dans Rome, celui de la Ville, & celui de l'Eglise : l'un & l'autre sont presque toûjours possedez par quelqu'Ecclesiastique, à qui le Pape le donne : le premier a sous lui un Capitaine
de

de cent gardes, pour veiller à l'execution des ordres de la police ; ce Capitaine s'appelle *Barigel*, & ses Soldats *Sbires*.

On peut dire qu'il n'y a point de Ville dans le monde, où la police soit mieux administrée qu'à Rome ; toute sorte de danrées sont taxées dans les marchez, dans les boutiques & dans les hôteleries, où personne ne peut rien vendre que sur le pied de la taxe. On voit dans des Tarifs affichez dans toutes les hôteleries le prix du pain, du vin, de la viande, &c. pour l'instruction des étrangers, & afin que les hôteliers ne trompent point ceux qui ignorent la langue ou qui ne sçavent pas lire, les Sbires arrêtent souvent dans les ruës les étrangers, pour leur demander où ils sont logez, & ce qu'ils paient par repas, afin de mettre à l'amande les contrevenants aux ordres de police ; & pour les surprendre davantage, ces Sbires se déguisent quelquefois en étrangers, & vont loger chez ceux qu'ils soupçonnent.

A l'égard du gouvernement de l'Eglise, il reside en la personne du Pape ou du Cardinal Patron en qualité de son Vicaire general. Lors qu'il y a quelqu'affaire à regler, le Pape assemble une Congregation, où non seulement les Cardinaux assistent, mais aussi les Evêques & les Docteurs ; & s'il s'agit d'affaires importantes à l'Eglise, elles sont proposées dans un Consistoire que le Pape tient ordinairement tous les quinze jours, où assistent tous les Cardinaux qui sont à Rome.

Avant de parler des curiositez que les étrangers peuvent voir à Rome, il ne sera pas hors de propos de dire un mot du Conclave, & de ce qui s'observe à l'élection des Papes & des Cardinaux pendant la vacance du St. Siege. Il n'y a que les Cardinaux, dont l'assemblée est nommée Sacré College, qui aient droit d'élire le Pape: Ce nom de Cardinal étoit autrefois commun à tous les Curez des Paroisses de Rome ; & ce ne fut qu'aprés le Concile celebré à Rome sous le Pontifi-

ITALIE cat de Nicolas II. en 1059. que les Cardinaux s'attribuërent la seule authorité de choisir le Souverain Pontife. Leur nombre est fixé à soixante-dix ; sçavoir cinquante Cardinaux Prêtres, quatorze Cardinaux Diacres, & six Evêques Cardinaux, qui sont ceux de Porto, d'Ostie, de Sabine, de Palestrine, de Frescati, & d'Albano ; dont S. A. E. Monsieur le Cardinal de Boüillon est Evêque. Car ces six Evêchez suffragans du Pape, comme Metropolitain, sont toûjours occupez par un Cardinal.

Dans le Concile de Lion en 1243. Le Pape Innocent IV. donna le Chapeau rouge aux Cardinaux. Paul II. en 1464. leur donna l'habit

rouge; Gregoire XIV. don-
na le Bonnet rouge aux Cardinaux Reguliers, qui ne portoient auparavant que le Chapeau, & Urbain VIII. leur donna le titre *d'Eminence*, n'aiant eu jusques alors que celui d'Illustrissime.

Lors de la promotion des Cardinaux, le Pape étant dans le Consistoire, dit aux Cardinaux qui y sont, *vous avez pour freres N N*. dont il fait lire les noms & les qualitez: ensuite le Cardinal Patron envoie querir ceux qui se trouvent à Rome, & les mene au Pape, pour recevoir de lui le Bonnet rouge; & au premier Consistoire, sa Sainteté leur donne le Chapeau, & cette cérémonie s'appelle ouvrir & fermer la bouche au nouveau Cardinal. A l'égard des abſens le Pape leur dépêche des exprés pour leur porter le bonnet ; mais ils ſont obligez d'aller recevoir le Chapeau à Rome, de la main de ſa Sainteté : Les habits des Cardinaux ſont la Soûtane, le Rochet, le Mantelet, la Mozette & la Chape Papale ſur le Rochet dans les cérémonies ſolemnelles : la couleur de leur habit eſt differente ſelon les tems, il y en a de trois ſortes, du rouge Cramoiſy, de violet & de roſe ſeche. Les Cardinaux ſont fort conſiderez dans Rome, & y ont de tres-grands Privileges : un des plus conſiderable eſt, que ſi une Eminence vient à paſſer par un endroit où quelque criminel soit mené au supplice, la presence du Cardinal lui donne une remission entiere de son crime.

ITALIE

On appelle Conclave le lieu où s'assemblent les Cardinaux, pour proceder à l'élection du Pape, lors que le Saint Siège est vacant: ce Conclave n'est point attaché en aucun lieu, & il dépend des Cardinaux de choisir tel endroit que bon leur semble: cependant comme le Vatican ou Palais Saint Pierre est le plus commode par plusieurs raisons, cette assemblée s'y fait depuis long-tems, ainsi la déliberation des Cardinaux pour choisir le lieu du Conclave, n'est plus qu'une formalité.

Conclave.

On bâtit dans un grand

ITALIE appartement de ce Palais, autant de celules qu'il y a de Cardinaux ; ces celules font d'aix de sapin, & on fait à chacune un retranchement pour le Conclaviste du Cardinal, qui est un homme qui s'enferme avec lui pour le servir : Les celules étant numerotées on les tire au sort, & chaque Cardinal fait ensuite meubler la sienne, & mettre ses armes sur la porte : Les celules se font pendant neuf jours que durent les obseques du Pape, & le dixiéme jour les Cardinaux qui se trouvent à Rome entrent au Conclave, & sans attendre l'arrivée des Cardinaux absents, ne laissent pas de travailler soir & matin à l'élection d'un Pape, comme il sera dit plus bas : Lors que les Cardinaux absents arrivent à Rome, ils emploient quelques jours à faire des visites ou à se reposer, après lesquels ils entrent dans le Conclave.

Dés que le Pape est mort, le public en reçoit la nouvelle au moien d'une cloche qui est au Capitolle, & qui ne sonne jamais qu'en pareille rencontre ; en même tems on dépeche des Couriers à tous les Princes Souverains de l'Europe, qui font profession de la Religion Catholique, pour leur annoncer cette mort. Le Cardinal Camerlingue se transporte au Palais, & se saisit de l'anneau du Pêcheur, qui est le sceau ou cachet du défunt qu'il

Vacance du Saint Siege.

met en pieces, parce que toute expedition de Bulles cesse pendant la vacance du Saint Siege. Ensuite il donne les ordres necessaires pour la sepulture du Pontife, qui est embaumé & porté dans une Chapelle de Saint Pierre, exposé sur un lit de parade, où le peuple va lui baiser les pieds à travers d'une grille. Les funerailles durent neuf jours, & la cérémonie s'en fait par le Sacré College. Durant la vacance du Saint Siege, les trois Chefs d'Ordres du College; sçavoir le Doien des Cardinaux Evêques, le premier Cardinal Prêtre, & le premier Cardinal Diacre, ont en main toute la conduite de la Ville & de l'Etat Ecclesiastique, &

avant de se renfermer dans le Conclave, ils donnent les ordres necessaires pour la seûreté publique, tant dans Rome que dans les autres Villes de l'Etat.

Je n'entreprendrai pas de faire un détail de la maniere, dont les Elections des Papes se sont faites depuis Linus, qui succeda à Saint Pierre, jusques à present, tant parce que cela me méneroit trop loin, que parce que l'histoire Ecclesiastique a amplement satisfait à cette curiosité. On y remarque, que le peuple & le Clergé conjointement, & quelquefois le Clergé seul, ont procedé à cette Election ; que dans d'autres tems les Princes, & les Empereurs se sont attribuez de nommer au Pontificat qui bon leur sembloit, ou s'en sont reservez la confirmation : que Loüis le Debonnaire, & ses Successeurs Lothaire I. & Loüis II. rendirent à l'Eglise la liberté de l'élection du Souverain Pontife dans le neuviéme siécle; qu'elle lui fut encore ravie sous le regne de l'Empereur Othon I. & elle ne lui fut renduë que dans le douziéme siécle. Je ne parlerai pas non plus de plusieurs histoires fabuleuses qu'on a faites à l'égard de ces Elections, & je ne m'attacherai qu'à décrire en abregé, la maniere dont on y procede aujourd'hui.

Les Cardinaux qui composent le Conclave, se rendent

soir & matin à la Chapelle, pour faire le *Scrutin*; ils portent chacun un petit billet, dans lequel ils mettent le nom du Cardinal, à qui ils donnent leur voix pour le Pontificat; Ce billet contient le nom du Cardinal Electeur, qui cependant est fermé sous un plit avec un cachet, & au dessus un mot tel qu'il veut l'imaginer; comme par exemple *Dieu soit à mon secours*; *le Saint Esprit soit mon guide*, &c. Chaque Cardinal porte son billet dans un Calice sur l'Autel de la Chapelle du Conclave; & aprés que tout y est, deux Cardinaux députez vont faire l'ouverture du premier pli du billet, & lisent tout haut les sujets nommez au Pontificat, qu'on écrit à mesure sur un regiſtre, ſans pourtant faire fraction au cachet qui ferme le nom de celui qui l'a donné ; à moins qu'il ne ſe trouve, les deux-tiers des voix pour une même perſonne, qui eſt le nombre neceſſaire pour la validité de l'élection ; en ce cas-là on leve le cachet, & le nouveau Pape a la ſatisfaction de connoître ceux qui ont contribué à ſon élevation : Cet Scrutin continuë de même juſqu'à ce que ces deux tiers de voix ſe rencontrent, aprés la lecture du Scrutin, ſi les deux tiers de voix ne concourent pas à la même perſonne, on a recours à ce qu'on appelle *l'aſſez*, c'eſt-à-dire que chacun eſt libre de donner ſa voix par un billet à celui qui en a eu le plus par le Scrutin, avec cette reserve qu'il n'est pas permis de donner sa voix par l'assez à celui à qui on l'a donnée par le Scrutin. Et si à la fin le Scrutin, ni l'assez ne terminent point l'élection, on brûle tous les billets, afin que les noms des Electeurs soient secrets. On pratique quelquefois de faire l'élection parce qu'on appelle *inspiration*, qui est comme une déclaration ouverte, plusieurs Cardinaux criant en même tems un tel Cardinal Pape: mais cela ne se fait que lors que ceux qui commencent cette acclamation sont assurez d'être soûtenus par les suffrages des deux tiers de l'assemblée.

Lors qu'un des Cardinaux est élû Pape, les Maîtres des cérémonies vont dans sa cellule lui annoncer la nouvelle de son exaltation, ensuite de quoi il est conduit à la Chapelle & revétu des habits Pontificaux; puis il reçoit l'adoration des Cardinaux, c'est-à-dire les respects qu'ils ont accoûtumé de rendre aux Souverains Pontifes. Ensuite on le met sur le Siege Pontifical, & on le porte sur l'Autel des Apôtres en l'Eglise de Saint Pierre, où les Cardinaux vont une seconde fois à l'adoration: de-là sa Sainteté est réconduite à son appartement, & quelques jours après on fait la cérémonie de son couronnement comme Prince temporel; car

il faut

il faut remarquer deux qualitez au Pape, l'une comme Souverain Pontife & Chef de l'Eglise, & l'autre comme Prince temporel & Souverain d'un Etat considerable.

Le couronnement se fait devant l'Eglise de Saint Pierre, où l'on dresse un Trône, sur lequel on fait monter le nouveau Pontife; on lui ôte la Mître & on lui met la Couronne sur la tête devant tout le peuple, ensuite on fait la Cavalcade depuis St. Pierre jusqu'à St. Jean de Latran, à laquelle assistent les Cardinaux, les Princes & les Ambassadeurs tous à cheval. Etant arrivé à Saint Jean de Latran, l'Archevêque de cette Eglise presente au Pape deux Clefs, l'une d'or & l'autre d'argent, & aprés avoir permis aux Chanoines de lui baiser les pieds, on ramene sa Sainteté au Palais avec les mêmes cérémonies.

Voilà ce que j'avois à dire touchant les cérémonies du Conclave & de l'élection du Pape : je vai passer à ce que Rome renferme de plus digne de la curiosité des étrangers ; mais il y a tant de choses à dire sur cette matiere, qu'il est difficile de s'en bien acquitter : je tacherai pourtant de ne rien obmettre de considerable de ce qui est venu à ma connoissance, je commencerai par une description des Eglises qui ont quelque prérogative. C'est sans contredit la Ville du monde où il y en a de plus belles & de mieux ornées : & si l'on dit vulgairement que méchant homme n'amanda jamais pour aller à Rome, c'est qu'il ne vouloit pas abandonner ses mauvaises habitudes ; car si le vice y regne parmi les libertins, on y trouve beaucoup d'exemples de sainteté & de bonnes mœurs à suivre.

L'Eglise de St. Pierre passe à juste titre pour la plus belle, la plus grande & la plus superbe de l'Europe ; elle est faite en Croix aiant huit cens quarante pieds Geometriques de longueur, sept cens vingt-cinq dans sa plus grande largeur, trois cens de hauteur, & 2465. de circuit ; sa voute est dorée, & elle est couverte de plomb & de cuivre doré. Tout ce bâtiment est revêtu de Marbre fin dedans & dehors, & les pierres ne sont attachées qu'avec du métail. Elle est pavée de grand careaux de Marbre, & ornée de plus de cent colomnes, dont les anciens Empereurs ont dépoüillé l'Asie, parmi lesquelles il y en a douze de Marbre blanc, que Vespasien fit enlever du Temple de Salomon. Je ne dis rien des richesses qui éclatent dans toutes les Chapelles de cette Eglise, ni d'une infinité de Reliques qu'on y conserve : Celles pour qui le peuple a le plus de veneration sont le voile de sainte Veronique, où la face de Jesus-Christ est empreinte ; la lance avec laquelle le corps de Nôtre-Seigneur fut percé : la Chaire de bois de Saint Pierre & quantité de Corps Saints. Le vestibule de cette Eglise a deux cens quatre-vingt-neuf pieds de long, quarante de large, & cent trente-trois de haut ; il a cinq portes qui répondent aux cinq portes de l'Eglise, dont l'une s'appelle la Porte Sainte, qui ne s'ouvre que pendant le Jubilé.

Au-dessus du Dôme de l'Eglise, il y a un globe ou boule de cuivre doré, qui d'en bas ne paroît pas d'un pied de Diametre, & cependant il y peut tenir plus de vingt hommes. Aprés avoir monté un tres-grand nombre de marches, on trouve une échelle de dix-huit échelons, qui aboutit dans le pied sur lequel la boulle est soûtenuë, de maniere qu'il faut se glisser avec peine à la faveur d'une corde, qui est attachée tout au haut, & pend le lond, de l'échelle. Ce globe a environ un doigt d'épaisseur, & ne reçoit de jour que de quatre petites fenêtres d'environ deux pouces de large & six de haut; il est traversé de deux barres de fer, sur lesquelles on peut monter pour s'asseoir. Il est à remarquer qu'en Eté on n'y laisse entrer personne, à cause des grandes chaleurs, parce qu'on y étoufferoit. On dit que l'Eglise St. Pierre a couté quarante trois millions d'or, & que c'est l'ouvrage de 23. Papes.

L'Eglife de Saint Jean de Latran eſt tres-confiderable, tant pour ſon ancieneté, que parce qu'elle eſt l'Epiſcopale de Rome, & que c'eſt où le Pape prend la poſſeſſion de ſa Dignité. C'eſt auſſi où les Empereurs recevoient autrefois la Couronne d'or: Elle eſt toute pavée de Marbre & ſoûtenuë de quatre rangs de colomnes dorées. Il y a un Obeliſque devant l'Egliſe, haut de cent quinze pieds, que Sixte V. y fit dreſſer. Le grand Conſtantin fit bâtir cette Egliſe en 318. aprés ſa converſion, & l'enrichit de pluſieurs Couronnes d'or & d'argent maſſif. Les Rois de France ont droit d'y preſenter deux Chanoines à ſa Sainteté, en conſideration des

ITALIE
Egliſe de St. Jean de Latran.

grands bienfaits que cette Eglise a reçûs de Sa Majesté Tres-Chrétienne, on y fait tous les ans un Service solemnel en memoire de Henri IV. Roi de France.

On y voit enchassé dans le grand Autel, un petit Autel de bois, sur lequel on prétend que Saint Pierre & quelques-uns de ses Successeurs, ont dit la Messe avant qu'ils eussent des Eglises publiques. Il n'y a que le Pape qui peut dire la Messe sur cet Autel, ou un Cardinal qui represente sa personne, encore faut-il qu'il ait un Bref Apostolique pour cela. On montre aussi aux étrangers une chaise de Porphire, dans laquelle le Pape se met à la porte de l'Eglise, lors qu'il prend possession

session du Papat. Les principales Reliques qu'on conserve dans ce Trésor, sont l'Arche de l'ancien Testament, la verge de Moïse, le pastoral d'Aaron, un portrait de JESUS-CHRIST fait par Saint Luc; la Table de la dernière Cene, le nombril de J. C. une ampoule de son Sang; quelques épines de sa Couronne, un des clouds de sa Croix, les têtes de Saint Pierre, de Saint Paul, de Saint Zacharie, de Saint Pancrace; le linge dont Nôtre-Seigneur se servit pour sécher les pieds à ses Apôtres, sa Robe de pourpre, l'éponge & plusieurs autres choses qu'on prétend avoir servi à sa Passion.

On monte d'un côté à St.

ITALIE. Jean de Latran, par la *Scala Santa* ou échelle Sainte, qui sont vingt-huit degrez de Marbre blanc, qu'on dit être les mêmes, sur lesquels Nôtre-Seigneur monta au Palais de Pilate, & qu'Helene envoia de Jerusalem à son fils Constantin qui étoit à Rome : on les monte à genoux par devotion, & on voit dans quelques endroits des Treillis de fil d'archal, qui couvrent quelques marques, qui restent du Sang du Sauveur.

Autres Eglises. Voici les prérogatives de quelques autres Eglises de Rome : celle de Saint Anatase étoit autrefois un Temple de Neptune ; L'Eglise ronde de Saint Theodore, étoit autrefois le Temple de

Romulus & de Remus, & on dit qu'elle est bâtie dans l'endroit où ces deux fondateurs de Rome furent trouvez par la Louve qui les nourrit. L'Hôpital de Nôtre-Dame de la Consolation étoit autrefois le Temple de Vesta, où les Vierges Vestales que Numa institua, gardoient le feu Sacré : Car les Païens croioient que l'extinction de ce feu, étoit un grand malheur pour la Ville de Rome. Ces Vierges étoient dix ans en noviciat, pour apprendre leurs exercices, & dix ans pour les enseigner aux novices.

L'Eglise de Saint Agnés, étoit autrefois un Temple de Baccus; celle de Saint Alexis au Mont Aventin, étoit le

Temple d'Hercule: Celle de Saint André proche la Tour argentine est l'Eglise de la Nation Flamande. A celle de Saint Antoine de Padouë en la valée Martie, on y mene le jour de la fête de ce Saint, toute sorte d'animaux prés de l'Autel, afin que Dieu les garantisse de maladies, & les preserve de la dent du Loup. Sainte Barbe au quartier de Pigna, a été un Temple de Venus. Saint Barthelemi en l'Isle, a été le Temple de Jupiter & d'Esculape. St. Blaise au Champ de Mars étoit jadis un Temple de Neptune. Sainte Brigide est l'Eglise des Suedois; Saint Cosme & Saint Damien fut autrefois un Temple dédié à Romulus & Remus. Saint Etienne est l'Eglise des Hongrois; Saint Jaques au Cirque Flaminien est celle des Espagnols; Saint Jean Baptiste est aux Florentins; St. Jean Baptiste prés du Tibre aux Genois; Saint Laurens au Janicule étoit un Temple de Junon-Lucine; Sainte Luce au Palais, en étoit un d'Apollon; Saint Loüis proche la place Navone est l'Eglise des François, Sainte Marie de l'ame est celle des Allemans; Sainte Marie au Mont Capitolin étoit un Temple de Jupiter Feretrien; Sainte Marie au Capitolle en étoit un de Jupiter Capitolin; Ste Nerée étoit le Temple d'Isis; Sainte Sabine au Mont Aventin étoit un Temple de Diane. L'Eglise de Sainte Marie

Marie de Transt-Tevere est recommandable par la fontaine d'huile qui coula, dit-on, trois jours & trois nuits, lors de la naissance du Sauveur du monde, dans l'endroit où le grand Autel est bâti.

Celle de Saint Martin in Monte, pas fort éloignée du Palais de Montecavallo, est renommée par sa cave, qui, dit-on, est le lieu où s'est fait dans Rome le premier exercice de la Religion Chrétienne, & où Saint Silvestre tint deux Conciles, pendant la persecution de l'Eglise. L'Eglise de Sainte Croix en Jerusalem, qui est une des sept, fut bâtie par Constantin le grand, sur les ruïnes du Temple de Venus & de Jupiter, que cet Empereur fit raser ;

& comme les Infidéles a- ITALIE
voient mis sur le Mont Calvaire une statuë de Venus, &
avoient donné à ce Mont le
nom de cette Déesse, Sainte
Heleine enleva secretement
la superficie de la terre du
Mont Calvaire, & l'envoia à
l'Empereur Constantin son
fils, qui la fit mettre dans
une Chapelle de cette Eglise, où l'on fait voir beaucoup
de Reliques, parmi lesquelles il y a trois morceaux du
bois de la vraïe Croix, deux
épines de la Couronne de J.
C. un des clouds de sa
Croix, un des trente deniers
de Judas, &c.

   L'Eglise de Saint Paul, qui Eglise
est à un mille hors la Ville, St. Paul.
a aussi été fondée par Constantin, à l'honneur de cet

ITALIE Apôtre qui y est enterré, elle est bâtie en forme de Croix. Sa longueur est de 477. pieds, & sa largeur de 258. elle est soûtenuë par cent colomnes de Marbre blanc sur quatre rangs. Parmi plusieurs curiositez qu'on voit dans cette Eglise, on considere un crucifix sur le grand Autel qui parla, dit-on, autrefois à sainte Brigide : de la maniere dont il est representé, il authorise l'opinion de ceux qui soûtiennent que Nôtre-Seigneur fut attaché à la Croix avec quatre clouds : & comme on a déja pû remarquer dans mes

Clouds de la Croix. voiages, six clouds que l'on fait voir en differens endroits, & qu'on assure être les mêmes, avec lesquels le

Sauveur fût attaché, dont l'un est à saint Denis prés de Paris; un autre dans la Cathedrale de Carpentras, dans le Comté Venaissin; un dans la Cathedrale de Milan, un dans saint Marc à Venise: un à saint Jean de Latran, & un sixiéme à sainte Croix à Rome, je dois dire qu'il faut apparemment qu'on ait confondu ceux dont Nôtre-Seigneur fut cloué, avec ceux qui attachoient les deux morceaux de bois, dont sa Croix étoit composée ; Car il est certain qu'il n'y en eut jamais six qui aient percé le Corps de Jesus-Christ.

L'Eglise de sainte Marie de la Rotonde, autrement dit le Pantheon, est un bâtiment considerable, tant à

ITALIE cause qu'Agrippa son fondateur y fit placer tous les faux Dieux de l'antiquité, chacun dans le rang que les Païens leur donnoient, que parce que sa forme ronde a donné lieu au modelle de plusieurs nouvelles Eglises. Ce bâtiment a cent quarante pieds de haut & autant de large, sans pilliers, n'aiant d'autre apuy que celui de ses murailles; ce qui le fait passer par la plus hardie piece d'Architecture qui soit en Italie: Elle ne reçoit de clarté que par la porte & par une ouverture de huit toises au haut de l'Eglise. Ce bâtiment étoit autrefois couvert de lames d'argent, il le fut ensuite de cuivre, puis de plomb, & l'est aujourd'hui de grandes pierres.

Aprés avoir parcouru les principales Eglises de Rome, & avant de passer aux édifices prophanes, je dirai un mot des Hôpitaux de cette grande Ville, & des Catacombes qui sont les sepultures d'une infinité de Chrétiens de la primitive Eglise.

Il y a quantité d'Hôpitaux à Rome, chaque Nation y aiant le sien ; mais celui de la Trinité que Clement VIII. a établi, nourrit actuellement cinq mille personnes, sans l'extraordinaire. Dans l'Eglise des Apôtres, on y fait tous les ans une Election de douze Gentilshommes, & un Prelat pour aller distribuër des charitez aux pauvres honteux, & pour faci-

Hôpitaux & actes de charité.

ITALIE liter à les connoître, il y a dans les places publiques, des Troncs fermez avec de petites grilles, dans lesquels ceux qui ont besoin d'assistance, jettent des billets qui contiennent leur demeure.

Il y a des maisons établies où l'on met les jeunes filles de dix à douze ans, lors que leurs parens ne peuvent pas les nourrir, crainte que la pauvreté ne les obligeât à les prostituer. Dans une autre maison sur la porte de laquelle on lit, *per le donne mal maritate*, on met les femmes qui ont été mal mariées; ou qui sont broüillées avec leurs maris; elles y demeurent jusqu'à ce qu'elles soient reconciliées avec eux, & que l'un & l'autre témoignent vouloir bien vivre ensemble.

A sainte Marie Madelaine in Corse, on admet toutes les filles débauchées, qui veulent se repentir, & elles y sont nourries le reste de leur vie; on ne les y renferme point par-force, comme dans les *Spinhuis* de Hollande; & elles ne peuvent voir d'autre homme que leur Confesseur & leur Medecin.

Ceux qui disent que les bordels sont permis à Rome, disent la verité ; mais non pas quand ils ajoûtent que le Pape les approuve & en tire tribut : Car il y a une grande difference entre permettre & approuver une chose: Moïse n'approuva jamais le divorce des Juifs, quoi-

Courtisanes ou filles de joie.

qu'il le leur permit à cause de la dureté de leur cœur. En Italie non plus qu'en Angleterre & en Hollande, on n'approuve pas le Judaïsme, quoi-que les Juifs y soient soufferts, & y aient des Sinagogues publiques. Bien loin que les Papes tirent de l'argent de l'infame commerce des filles de joie, ils ont fondé plusieurs Hôpitaux, pour y mettre les jeunes filles que les peres & meres ne sont pas en état d'élever, afin d'empêcher que la pauvreté ne les jette dans le libertinage : elles sont élevées dans ces maisons jusqu'à ce qu'elles soient en âge de se marier ou d'entrer en Religion, & on leur donne une dotte raisonnable, pour leur trouver une parti fortable. Tous les ans, le jour de la fête de l'Annonciation, on diftribuë dans l'Eglife des Dominicains, une fomme d'argent confiderable à trois cens jeunes filles de ces Hôpitaux. Cela fuffiroit pour faire connoître que fi les Papes approuvoient la débauche du fexe, pour en tirer du benefice, ils n'en agiroient pas de la forte pour prévenir le libertinage: mais les Loix rigoureufes qu'on obferve à l'égard des filles ou femmes proftituées, juftifieront amplement fa Sainteté contre les calomnies des ennemis du Saint Siege.

Il leur eft défendu de fe trouver parmi les honnêtes femmes dans les affemblées, ni aux promenades : elles ne peuvent aller en Carrosse pendant le jour, ni sortir de leurs maisons pendant la nuit; elles ne peuvent converser ensemble, afin de leur ôter le moïen de s'encourager à la débauche. Il leur est défendu à peine de punition exemplaire, d'admettre aucune compagnie chez elles pendant tout le Carême, ni même pendant l'Avent. Elles sont obligées de se faire enregistrer dans les Registres publics qu'on tient pour les Putains, qui par-là passent pour Infames à jamais. Elles ne sont point admises à la Communion, ni enterrées en terre Sainte, leur sepulture n'étant que dans quelques vilains endroits le long des murail-

murailles de la Ville. Enfin elles ne peuvent point faire de Testament, & si elles laissent quelque bien, ce qui est assez rare, il est confisqué au profit de Hôpitaux des jeunes filles. Je crois qu'il n'en faut pas davantage pour convaincre de malice ou d'ignorance, ceux qui debitent que le Pape approuve & tire avantage du vice de ces miserables.

On appelle Catacombes, certaines cavernes ou allées soûterraines, où les Chrétiens de la primitive Eglise faisoient l'exercice de la Religion pendant la persecution des Empereurs Païens; & on y a même tenu secretement quelques Conciles. Les Catacombes les plus connuës de

ITALIE Rome, sont celles qui ont leur entrée aux Eglises de Saint Pancrace, de Saint Sebastien, de Saint Agnés & de St. Laurens: ceux qui les ont parcouruës, disent qu'elles se communiquent toutes, qu'elles s'étendent presque sous toute la Ville, & même sous la riviere du Tibre. Ces voûtes sont pour la plûpart hautes d'environ cinq pieds, & larges de trois; elles sont bordées des Cadavres de plusieurs Martyrs & Confesseurs de la Foy de Jesus-Christ, d'où le Pape fait tirer les Corps Saints, dont il régale les Princes & les Ambassadeurs, à qui sa Sainteté donne le nom que bon lui semble. Il y a des endroits dans ces Catacombes, où l'on ne peut entrer que le ventre à terre pendant vingt-cinq à trente pas, & plusieurs personnes qui y alloient pour voir les tombeaux des anciens Chrétiens, y ont trouvé le leur : Car s'étant engagez trop avant sans de bons guides, ils s'y sont perdus; outre que la lumiere peut leur manquer en cherchant une sortie, ou ils peuvent être étouffez par la fumée des flambeaux.

Le Palais de Saint Pierre dit du Vatican, qui est la demeure ordinaire des Papes en hiver, est situé dans le Bourg, l'endroit le mieux fortifié de Rome. Ce Palais est d'une fort vaste étenduë, puis qu'il contient cinq mille Chambres ou Cabinets: Il a trois rangs de Galeries ornées de peintures, qui representent les principales histoires de l'ancienne & nouvelle Alliance. Il y a une infinité de Statuës de Marbre & d'Albatre dans les Salles, & on admire dans la Salle Imperiale, une pierre où la nature a mis l'image du Pape Pie V. mieux que le pinceau n'auroit pû faire sur la toile. Ce Palais, qui tire son nom de la montagne où il est situé, fut commencé sous le Pontificat de Nicolas V. achevé sous Leon V. mais il n'a été enrichi de peintures & de statuës que par les Papes Sixte V. Clement VIII. & Urbain VIII. & par leurs Successeurs qui l'ont rendu digne du séjour des Souverains Pontifes. Au milieu de la Galerie qui conduit à Belvedere, on trouve la Bibliotheque du Vatican, qui passe pour la plus belle, la plus nombreuse & la plus curieuse du monde: on y voit une infinité de manuscrits Hebreux, Grecs, Latins, Arabes, &c. des écrits sur des lames de bois, & sur des Tabletes de cire, dont on se servoit avant l'usage du papier. Une grande Bible Hebraïque manuscrite; une autre Bible Hebraïque écrite sur des morceaux de parchemin colez & roulez, comme il se pratiquoit autrefois, & qui donna lieu au terme de *Volumen*; & un autre manuscrit sur des feüilles d'arbre, d'où est venu le mot *de folium*.

ITALIE Enfin il y a une Bible en Grec, qu'on assure être une des septante Copies des Septante Interprétes de l'Ecriture Sainte. Quoi-que peu de gens ignorent ce que c'est que les Septante, je ne laisserai pas de remarquer que ce fut soixante-dix personnes que le Souverain Pontife Eleazar choisit parmi les plus Sçavans Juifs en langue Hebraïque & Grecque, pour envoier à Ptolemée Philadelphe, fils de Lagus Roi d'Egypte, environ trois cens ans avant la naissance de Jesus-Christ, que ce Prince fit enfermer pour traduire en Grec l'ancien Testament Hebreu : Et cette version, dont Jesus-Christ même s'est servi, lors qu'il a cité l'Ecriture Sainte, a été reçûë des anciens Peres de l'Eglise pour la meilleure & pour la plus fidéle : Quelques Auteurs disent que le Roi Ptolemée fit enfermer ces Septante Interpretes, chacun séparément, afin de conferer ensuite leurs differentes Traductions, & d'autres au contraire qu'ils furent mis tous ensemble, afin de se communiquer leurs lumieres.

Avant de s'éloigner du Vatican, les étrangers vont voir la vigne de *Belvedere*, ainsi appellée à cause que de cet endroit on découvre toute la Ville. Il est à remarquer qu'on appelle en Italie *Vigne*, ce que nous nommons Jardin de plaisance. Celui-ci est remarquable par une in-

ITALIE finité de belles statuës de Marbre, de Bronze & d'Albâtre : parmi lesquelles on y voit la statuë du Tibre appuyée sur une Louve, qui donne à tetter à Romulus & à Remus, & de l'autre côté le Nil avec dix-sept enfans, chacun de la hauteur d'une brasse, qui marquent les dix-sept diverses mesures de l'accroissement des eaux du Nil. On y voit aussi une Cleopatre mourante de la morsure d'un serpent entortillé à son bras ; celle de Venus Ericine sortant du bain ; celles de Bachus, de Mercure, d'Apollon, & de Laocon envelopée de deux serpens avec ses deux enfans.

Place St. Pierre. La place du Vatican, communément appellée la place de de Saint Pierre, est une des plus belles de Rome : elle est ornée d'une fontaine qui pousse son eau de la grosseur d'un homme à plus d'une demi pique de haut : & d'un Obelisque qu'on nomme éguille, à cause de sa forme & de sa hauteur. C'est une pierre qui fut apportée d'Egypte par le commandement de Caligula avec une dépense incroïable, & fut posée au Cirque de Neron : mais le Pape Sixte V. la fit transporter dans la place Saint Pierre. Il a deux cens sept pieds de haut, y compris la base, douze de large par le bas, & huit par le haut : Il est supporté par quatre Lions de bronze dorez, qui se soûtiennent sur un grand piédeftal de Marbe.

Château St. Ange. Le Château Saint Ange eſt une des meilleures fortereſſes d'Italie, & a été le refuge de pluſieurs Papes, lors des troubles de Rome. Le Pape Alexandre VI. fit conſtruire un Coridor ſecret ou Galerie derobée, qui conduit du Palais Saint Pierre à ce Château, afin que les Pontifes puiſſent s'y retirer dans un beſoin ſans être vûs. On y renferme les priſonniers d'Etat, & on y garde les Treſors de l'Egliſe, entre autres ſes Regiſtres & ſes Archives, la triple Couronne du Pape, & cinq millions que le Pape Sixte V. y mit avec une bulle, qui défend à tous les Papes ſes Succeſſeurs, à peine d'excommunication, d'y toucher pour quelle cause que ce soit, sans une necessité extrême de défendre la Ville de Rome, cette somme étant destinée à cela. On y voit quelques statuës & plusieurs inscriptions, qui marquent son ancienneté. A l'égard du nom de ce Château, on dit qu'il est ainsi appellé, à cause de la statuë d'un Ange qui se trouve placée au plus haut de son Frontispice avec une épée à la main, en memoire d'une vision qu'eut Saint Gregoire qui lui fit paroître un Ange remettant son épée dans le foureau, pour lui donner à connoître que Dieu étoit appaisé contre les Romains, qui avoient beaucoup souffert par la peste, par la guerre & par la famine.

Z ij

ITALIE

Pont St. Ange.

Proche de ce Château il y a un Pont sur le Tibre qu'on appelle aussi le Pont St. Ange, il est bâti à peu prés dans l'endroit où étoit autrefois le Pont Triomphal, ainsi appellé à cause que tous les Triomphes qui se faisoient à Rome passoient par là; mais on n'y voit plus que de tristes restes de cette vanité pompeuse, Dieu aiant permis que ce luxe s'évanoüît, parce que l'excés de ces Triomphes s'étoit tellement augmenté par la succession des tems, que si l'usage en avoit continué, on se seroit servi d'hommes au lieu d'animaux pour tirer le Char du vainqueur. Celui de Camille fut traîné par quatre chevaux blancs, celui de

Pompée par quatre Elephans, celui de Marc-Antoine par quatre Lions, celui de Neron par quatre Hermafrodites, qui étoient moitié chevaux & moitié jumens, Aurelien se fit tirer par six Cerfs, & Firmius par six Autruches.

Le Capitolle est un des anciens bâtimens de Rome: on dit que l'étimologie de son nom vient de la tête d'un homme, qu'on trouva en jettant les fondemens par ordre de Tarquin le superbe. Il fut achevé de bâtir & couvert de bronze doré sous le Consulat de Pulvillus; Catulus le consacra à Jupiter Capitolin: Il fut orné de quantité de statuës d'or & d'argent massif, qui representoient les anciens Magistrats & Consuls Romains, & il y avoit trois mille Tables de bronze, lors que le feu y prit & en consuma une partie, ce qui arriva quatre cent quinze ans aprés qu'il fut achevé. Cet embrasement ne fut pas le seul, dont ce bâtiment fut affligé; il en souffrit un autre du tems de Silla; un troisiéme du regne de Domitian, & un quatriéme du tems de Commodus. Ainsi il n'a plus ni cette richesse, ni cette magnificence qui le rendirent autrefois si celebre. On y monte par cent vingt-huit degrez de Marbre; on remarque comme des pieces tres curieuses, deux statuës de Constantin sur deux chevaux de Marbre,

& dans la grande place une ITALIE
autre statuë de bronze à cheval de l'Empereur Marc-Au-
rele-Antonin. Le Palais des
Conservateurs qui fait partie
du Capitolle, est aussi orné
d'une infinité de statuës fort
curieuses.

On voit sur le Mont Qui-
rinal les restes des Thermes *Des Thermes.*
de Constantin ; le mot de
Therme derive d'un mot
Grec, qui signifie chaleur;
parce que ces lieux étoient
destinez pour se baigner &
pour suër : ces bâtimens é-
toient grands & superbes en
toutes les manieres: On voit
encore à Rome quelques restes de ceux d'Alexandre, de
Severe, de Neron, de Titus,
de Trajan, de Philippe, &
d'Antonin Caracalla.

ITALIE

Goufre Curcie.

Les curieux vont voir sur le Mont Palatin un lieu qu'on nomme le Lac ou Goufre de Curcie; c'est une ouverture d'où sortoit autrefois une puanteur qui causa la peste à Rome, & l'Oracle aiant dit que la Contagion ne finiroit point, qu'on n'eût jetté dans ce Goufre, ce que Rome avoit de plus précieux, toutes les Dames Romaines y jetterent leurs joyaux : mais comme le mal ne finissoit pas, Curcie, qui étoit un Chevalier Romain, s'imaginant qu'il n'y avoit rien de plus précieux qu'un brave & vaillant homme, & voulant signaler sa présomption & son zele pour sa Patrie, se précipita dans cet abîme avec son cheval, & la peste cessa.

Dans le quartier qu'on appelle le Champ de Mars, on voit la Colomne d'Antonin, où font reprefentez à demi relief les glorieufes Actions de cet Empereur contre les Armeniens, les Partes, les Allemans, &c. On y monte par deux cens fept degrez de Marbre, éclairez de cinquante-fix petites fenêtres : Elle n'eft faite que de vingt-huit pierres de Marbre, qui jointes enfemble ont cent foixante-quinze pieds de haut. On a mis tout au haut une ftatuë de bronze dorée de l'Apôtre Saint Paul.

La Colomne Trajan dans la place de même nom, n'eft compofée que de quatre pierres, qui font une élevation de cent quarante pieds;

ITALIE

Colomne d'Antonin.

Colomne Trajan.

ITALIE on y monte par cent quatre-vingt-cinq degrez éclairez de quarante-quatre fenêtres : on avoit mis au haut de cette colomne une Urne avec les cendres de Trajan; mais on l'a ôtée pour y placer une ftatuë de bronze de l'Apôtre Saint Pierre.

Pafquin. Quoi-que je ne fois pas dans le deffein de parler de tous les monumens publics de Rome, je ne puis paffer fous filence les ftatuës de Pafquin & de Morforio, elles qui parlent fi fouvent des autres, ne doivent pas être mifes en oubli. La ftatuë de Pafquin eft ainfi appellée, à caufe qu'on y affiche prefque tous les jours des Satyres qu'on a furnommées *Pafquinades* : On dit qu'elle fut érigée à l'honneur d'un des Soldats d'Alexandre qui avoit rendu de services signalez à son Prince : d'autres rejettent cette opinion, & disent que le mot de Pasquin vient d'un Tailleur, qui habilloit les gens de qualité à Rome; & comme c'étoit un grand railleur, il observoit tous leurs défauts, pour en faire des farces dans sa boutique, ce qui lui attiroit toûjours une bonne compagnie. Ils ajoûtent que quelque tems après sa mort, on trouva en pavant devant sa maison une statuë dans la terre, à qui d'abord le peuple donna le nom de Pasquin, & on la dressa au plus prochain Carefour. Quoi qu'il en soit on proposa à un Pape de la

ITALIE faire jetter dans le Tibre, afin d'ôter l'occasion aux médisances & aux railleries qu'on y mettoit : mais le Saint Pere répondit qu'il auroit peur qu'elle ne s'y convertît en grenoüille, & qu'elle ne criât nuit & jour ; voulant par-là donner à connoître, que bien loin d'arrêter le cours des Satyres, on les afficheroit à toutes les autres statuës de la Ville.

Morfo-rio. Proche le Capitolle, il y a une autre statuë qu'on nomme Morfore ou Morforio, où l'on met ordinairement la réponse des Satyres que Pasquin publie : quelques-uns veulent qu'elle ait été érigée à l'honneur de Jupiter-Panarius & d'autres que c'est celle du Rhin, parce qu'autrefois le cheval de bronze de l'Empereur Domitien tenoit un pied sur sa tête.

Il n'y a pas de Ville au monde où il y ait un si grand nombre de magnifiques Palais ; le sçavant Monsieur Spon nous en a donné une liste dans son voiage du Levant, ce qui me dispensera de le faire ; je dirai seulement que le Palais Farneze est sans contredit un des plus superbes ; il a quatre faces avec une grande porte à chacune qui répond dans la Court, environnée de Colonnes qui forment des Arcades ou Portiques, soûtenant une Galerie ouverte, qui conduit dans chaque appartement. Dans cette Court on voit deux statuës d'Hercule s'appuyant sur sa massuë, l'une desquelles fut trouvée dans les bains d'Antonius Caracalla; & l'autre n'est qu'une Copie. Dans une Salle de ce Palais, on voit la statuë d'Alexandre Farneze, Duc de Parme, qui foule au pieds deux statuës, qui representent l'heresie & la rebellion, pendant qu'une Renommée lui met la Couronne sur la tête; Cette piece est d'autant plus estimée, que ces quatre figures sont d'une seule pierre de Marbre blanc. Il y a une infinité de statuës & quantité de beaux Tableaux dans les appartemens de ce Palais; mais avant d'en sortir, on doit voir une statuë de Marbre dans une petite Court sur le derriere, qui d'une seule pierre renferme la figure d'un Taureau, attaché par une de ses cornes aux cheveux d'une femme, & celle de deux hommes qui tâchent de les précipiter dans la Mer. C'est l'histoire d'Amphion & de Zethes, qui pour vanger leur mere Antiope, que Licus Roi de Thebes avoit repudiée, à la solicitation de Dircé, qui en étoit aimée & vouloit que Licus l'épousât, les deux enfans de ce Roi attacherent Dircé aux cornes d'un Taureau, qu'ils précipiterent ensuite dans la Mer.

Une des curiositez de Rome, & que les étrangers ne manquent pas de voir, se trouve dans la maison du Prince Ludovisio ; c'est le

ITALIE corps d'un homme petrifié, qu'on a mis dans une boëte de Velours, & auquel on a rompu une jambe, pour détruire l'incredulité d'un curieux, qui ne pouvoit pas croire que ce fût de la pierre, dont le squelette étoit couvert, parce qu'on diroit que c'est un habit fait exprés. Cela authorise ce qu'Ortelius dit, que sur certaines montagnes de Tartarie, on trouve des hommes, des chamaux, des moutons, &c. changez en pierre depuis plus de trois cens ans; & Aristote rapporte qu'on voit dans une Caverne prés de Bergame, plusieurs de ces hommes petrifiez.

Moyen pour justifier les En parlant des Eglises de Rome, j'ai oublié de dire que

que dans celle de la *Boca de verità*, il y a un Marbre, qui représente une tête la bouche ouverte; & les bonnes gens disent, que si une femme infidelle à son Mari y mettoit la main, cette bouche se fermeroit; Les femmes Romaines qui ont des Maris soupçonneux & credules, se justifient souvent par ce moyen, & elles ne hazardent pas tant que celles qui étoient autrefois obligées d'empoigner un fer chaud, ou marcher pieds nuds sur des charbons ardents, pour prouver leur chasteté.

ITALIE

femmes envers leurs Maris.

Voilà ce que je m'étois proposé de dire de cette grande & superbe Ville; je ne doute pas que je n'aie oublié une infinité de choses;

ITALIE qui meritoient d'être remarquées; mais ce que j'en ay dit suffit pour en donner une idée avantageuse à ceux qui ne l'ont jamais vûë, & faire naître l'envie à quelques-uns d'y aller.

CHAPITRE XII.

Du Roïaume de Naples.

Naples. IL n'y a point d'Etat en Italie, qui ait une si vaste étenduë que le Roïaume de Naples. Quelques Auteurs Italiens l'ont nommé Sicile en deça le far, ce qui a donné lieu aux Rois d'Espagne, de prendre la qualité de Roi des deux Siciles. On divise ordinairement cet Etat en douze Provinces, qui sont la terre de Labour; la Principauté Citerieure, la Principauté Ulterieure, la Basilicate, la Calabre Citerieure, la Calabre Ulterieure, la terre d'Ottrante, la terre de Bari, la Capitanate, le Comté de Molisse, l'Abbruzze Citerieure, & l'Abbruzze Ulterieure. On y compte vingt-quatre Archevêchez, soixante Principautez, cent Duchez, autant de Marquisats, soixante-dix Comtez, & plus de mille Baronnies; ce qui fait connoître que la Noblesse y multiplie plus qu'ailleurs, & c'est aussi ce qui a acquis à la Ville de Naples le surnom de *Noble*. L'Air y est fort sain & le territoire extrêmement fertile en bled, en vin & en toute sorte de fruits.

ITALIE Ce Roïaume n'a pas été exempt des révolutions, qui ont troublé l'Italie en differents tems : il a été occupé par les Romains, par les Gots, par les Lombards, par les Normans, par les Suabes, par les François & par les Espagnols. Ces derniers l'ont usurpé sur les François, qui y ont un droit incontestable, tant par l'investiture que le Pape Clement IV. en donna, & de la Sicile à Charles de France, Duc d'Anjou & de Provence, frere de St. Loüis en 1265. que parce que la Reine Jeane I. adopta par son Testament du vingt-neuf Juin 1380. Loüis de France I. du nom Duc d'Anjou ; Jeane II. ou Janelle, qui occupa le Trône depuis l'an 1414. jusqu'en

1434. adopta aussi René de France dit le bon, ce qui lui acquit un double droit; mais Ferdinand Roi d'Espagne, au préjudice du Traité qu'il avoit fait avec Loüis XII. Roi de France, envoia une puissante armée en Italie, sous la conduite du fameux Gonsalve, qui chasserent les François de Naples & de Sicile, & depuis ce tems-là les Espagnols en sont en possession, & y tiennent un Viceroi, qu'on change tous les trois ans. Le Roïaume de Naples releve du Saint Siege, & le Roi d'Espagne donne tous les ans pour tribut au Pape le jour de Saint Pierre une haquenée blanche, & une bourse de sept mille Ducats. Les Napolitains ne supportent le joug Espagnol qu'à regret: ils ont essaié de s'en soustraire à diverses fois; leur dernier soûlevement arriva en 1646. & 1647. mais il n'eut pas de suites, parce qu'il fut mal concerté, & que les mécontens n'avoient en tête qu'un miserable pêcheur nommé Tomas Angelo Maia, vulgairement Masanielo, qui pendant plus de quinze jours, commanda à deux cens mille ames, qui lui obeïssoient aveuglément. Ce Roïaume qui s'avance en forme de presqu'Isle, à la Mer Ionienne au Levant, le Golfe de Venise au Septentrion, la Mer Thiriene au Midi, & les Etats de l'Eglise au Couchant. Il a environ quatre cens cinquante mille de large, & quinze cens mille de circuit.

La Ville de Naples Capitale de ce floriſſant Roïaume, à qui elle donne ſon nom, eſt ſituée ſur les bords de la Mer; on l'appelloit autrefois *Parthenopée*, elle eſt défenduë par trois Citadelles, pourvûës de tout ce qui eſt neceſſaire à tenir les Napolitains ſous le joug des Eſpagnols, l'une deſquelles s'appelle le Château Normand, à cauſe que Guillaume III. Duc de Normandie & Roi de Naples, le fit conſtruire ſur un rocher dans la Mer : Le ſecond qu'on nomme le Château-Neuf, fut conſtruit par Charles I. frere de St. Loüis; mais Ferdinand Roi d'Aragon, qui en

Sa capitale.

Ses Châteaux.

connoissoit l'importance, le fit extraordinairement fortifier, & il y a toûjours cinq cens Espagnols naturels en garnison. Le Château Saint Elme, qui commande une partie de la Ville, fut bâti par les ordres de Robert I. fils de Charles II. & l'Empereur Charle-quint aprés l'avoir fait fortifier, le surnomma la bride de Naples. Outre ces Châteaux, il y a encore quelques Tours & d'autres bâtimens, à qui on donne le nom de forteresse; comme le Château Capoüan, bien qu'il ne serve qu'à y assembler les Conseils de Justice & de Police.

Le Palais du Viceroi est fort spacieux, richement meublé, & renferme beaucoup

coup de curiositez ; entre autres une herbe large de deux doigts, & longue d'un pied & demi, sur laquelle les anciens écrivoient avant l'usage du papier. Une pierre d'où, en la ratissant, on fait sortir une espece de Cotton, dont les Païens faisoient de la toile pour enveloper les corps qu'ils brûloient, à cause que cette toile étant incombustible, elle conservoit les cendres de ce corps, qu'on mettoit ensuite dans des Urnes. Cette sorte de toile est encore en usage chez quelques peuples des Indes ; lors qu'elle est sale, on n'a qu'à la jetter dans le feu, où elle devient blanche comme neige.

Le Port de Naples passe-

ITALIE roit pour un des meilleurs d'Italie, s'il étoit à l'abri des vents de Sud-Est ou Siroc: la Ville est fort proprement bâtie, ses ruës sont longues, larges & tirées à la ligne, & faites de maniere, que sous chaque ruë on a pratiqué un Canal, comme dans toutes les Villes de Hollande, qui recevant les immondices à travers de quelques grilles de fer, les ruës restent toûjours nettes. Elle peut avoir six milles de circuit, y compris ses sept Fauxbourgs: son air doux & temperé l'ont fait choisir pour le séjour de plusieurs hommes illustres; on peut mettre de ce nombre Virgile, Tite-Live, Horace, Seneque, &c.

Sa Cathedrale. L'Eglise Cathedrale est dédiée à Saint Janvier, ci-devant Evêque de Benevent, que les Napolitains ont pris pour leur quatorziéme Patron; on y conserve du sang de ce Saint, qui est congelé dans un vase, & l'on dit, que lors qu'on l'aproche de son chef, il devient liquide & se forme en petites boules.

ITALIE

Pour donner une idée generale des monnoies du Roïaume de Naples, il est bon de sçavoir qu'on y compte presque tout par *Carlins*; chaque Carlin vaut environ dix sols de France, la Pistole d'Espagne y vaut trente-trois Carlins, le Sequin vingt Carlins, la Piastre de poids neuf Carlins, & quelques petites monnoies de cuivre, dont

Ses monnoies.

ITALIE on se sert dans les marchez.

Aprés que les étrangers ont veu les curiositez de Naples, ils ne manquent pas de visiter les merveilles des environs; car on peut bien appeller de ce nom une infinité de choses surprenantes, qui se trouvent dans le Roïaume de Naples.

Mont Vesuve. Le Mont Vesuve peut tenir le premier rang parmi ces merveilles, à cause de ses frequents Incendies. Sans parler de celui qui arriva sous l'Empire de Titus, dans lequel Pline se trouva engagé par sa trop grande curiosité, ni de plusieurs autres; je dirai seulement que cette montagne, qui est à environ sept lieuës de Naples, vomit continuellement du feu ou de la fumée, quelquefois avec plus ou moins de violence, ce qui a souvent désolé cette Contrée, & incommodé beaucoup la Ville de Naples. Il y avoit autrefois sur ce côteau les meilleures vignes du païs & un très-beau Village, habité par plus de 2500. personnes : mais en l'année 1631. cette cheminée d'enfer, comme le nomme Tertulien, vomit une si grande quantité de flammes, accompagnées d'un Torrent de soufre & d'une grêle de pierres, que tous ces pauvres gens furent brûlez ou étouffez, & leur Village enseveli dans les cendres, où il y en avoit plus de dix pieds au-dessus du clocher de l'Eglise. On voit encore des pierres d'une grosseur prodigieuse, & un ruisseau où plusieurs personnes qui vivent encore, virent couler, en ce tems-là, un torrent de souffre, d'alun & de salpetre, qui venoient du haut de cette montagne. Quelque tems avant cet horrible ravage, la fumée qui sort continuellement, augmenta, & étoit entremêlée de flammes & de cendres ; elle fut suivie d'un bruit si épouvantable, qu'on eut dit que la nature alloit abîmer ; à ce bruit succeda un tremblement de terre, qui fit enfler la Mer, & la montagne étant crevée, il en sortit des morceaux de roche tous ardents, & le souffre qui en coula se fit distinguer à plus de trois milles avant dans la

Mer, & on croit que si le vent n'eût été favorable à la Ville de Naples, elle auroit été ensevelie dans les cendres qui en sortirent. On a gravé cet horrible évenement sur un Marbre qu'on trouve sur le chemin, qui conduit de Naples au Mont Vesuve. Plusieurs curieux ont monté du depuis sur cette montagne par un chemin pratiqué dans les cendres, pendant plus de deux milles, & ont trouvé au haut de cette montagne un grand abîme, qui peut avoir deux mille de circonference, & autant de profondeur, dans lequel il en paroît un autre moins large, d'où sort une fumée fort épaisse, & qui sent le souffre.

ITALIE

Mont Paufili- pus, ou grotte de Naples.

Le Mont Paufilipus est recommandable par le chemin soûterrain qu'on y a pratiqué pendant plus d'un mille à travers de cette montagne, quoi-que ce ne soit que roche vive; cette Caverne est appellé la grotte de Naples: elle a été faite pour faciliter le passage de Naples à Puzzole; car comme cette montagne s'avance dans la Mer en forme de promontoire, elle ne laisse aucun chemin sur le rivage, & avant cette route soûterraine, il falloit monter & descendre cette montagne avec beaucoup de peine. Il y en a qui disent que c'est un ouvrage de Lucullus, & d'autres l'attribuent à Cocceius Nerva: quoi qu'il en soit, ce chemin

à environ un mille de lon- ITALIE
gueur, douze à treize pieds
de haut, & deux Carrosses
peuvent y passer de front:
il ne reçoit de clarté que
par les deux entrées, & par
deux petites ouvertures qu'Alfonce I. Roi de Naples fit
faire au haut de la grotte environ vers le milieu, où il y
a une Lampe qui brûle in-
cessamment devant l'image
de la Vierge : mais nonob-
stant l'obscurité de ce lieu,
on ne s'y embarasse jamais,
parce que ceux qui viennent
de Naples tiennent toûjours
la droite, & ceux qui y vont
prennent la gauche.

Le Tombeau du Poëte Virgile est dans le Jardin de Se- Tom-
verino, tout couvert de Lau- beau de
riers, presqu'à l'entrée de cet- Virgile,
te grotte.

Il faut ensuite voir le Lac Averne, que ce Poëte nomma le Lac d'Enfer, à cause que les oiseaux qui voloient par-dessus ses eaux étoient empoisonnez par la mauvaise odeur qui en sortoit. Il peut avoir environ deux mille pas de long, & la moitié en largeur. Les Anciens y ont creu ou feint Caron avec sa barque, parce que la riviere de l'Acheron forme ce Lac, sur les bords duquel on voit les restes d'un Temple d'Apollon.

Le Lac d'Agnano n'en est pas éloigné : Il est environné de montagnes, & est estimé sans fond dans son milieu ; quoi-que ses eaux soient pleines de serpens, elles ont neanmoins la proprieté de guerir les bêtes, qui étant entrées dans une petite grotte venimeuse de son voisinage, qu'on nomme la grotte du chien, on ne les en tire qu'à demi mortes, parce que la vapeur du souffre qui en sort les étourdit d'abord, & les étoufferoit si on les y laissoit une heure.

Le Lac Lucrin, un des plus poissonneux du Roïaume de Naples, se communiquoit autrefois avec le Lac Averne, par le moien d'un Canal; mais en 1538. (d'autres disent la nuit de Saint Michel 1536.) un tremblement de terre ne combla pas seulement ce Canal, mais il mit encore une montagne de plus de quatre mille de circuit entre les deux Lacs.

ITALIE

Souffrieres.

Le Mont de l'Alun ou les Souffrieres, produit un grand revenu au Roi d'Espagne. Les Anciens en ont fait une maison infernale, & y ont placé la demeure de Vulcan, parce qu'on n'y voit que flammes pendant la nuit, & fumée pendant le jour, & que l'odeur du souffre infecte une lieuë à la ronde, la fosse d'où sort cette fumée a mille pieds de large, & mille cinq cens de long. Les environs de Puzzole ne sont que terre souffrées, & l'on voit presque par tout sortir la fumée sous les pieds, par de petites fentes que la sécheresse fait dans les chemins.

Lac Usurier.

Pas loin des Souffrieres on trouve le Lac Usurier, ainsi appellé, parce qu'il ne rend

jamais tout ce qu'on plonge ITALIE
dans son eau, qui est fort
noire, épaisse & boüilt toûjours. Si on y met de la viande, on ne l'en sort qu'à demi
cuite & diminuée de la moitié, & si l'on y plonge trois
œufs dans un pannier, on
dit que quelque précaution
qu'on y prenne, on n'en re-
tire que deux, ce Lac pren-
nant le troisiéme pour son
tribut.

Proche de Puzzole, il y a
un Labirinthe soûterrain, où Labyrin-
l'on ne doit entrer qu'avec the soû-
des flambeaux, & un peloton terrain.
de fil qu'on ne doit pas laiſ-
ser rompre, si l'on ne veut
courir risque de s'égarer : Ce
Labirinthe est composé d'u-
ne infinité de chambres qui
se communiquent les unes

dans les autres : on y voit quelques restes des Temples de Diane & de Neptune : les étuves de Neron qui y donnent une grande chaleur : quatre chambres garnies de lits de pierre avec les chevets de même matiere, donneroient envie de s'y reposer s'ils étoient moins durs. Les bains de Ciceron sont dans une grande Salle, où l'on a effacé quelques lettres qui étoient écrites dans la voute ; parce que les malades croïoient d'être gueris, lorsqu'ils les avoient leuës. D'autres disent que ces inscriptions n'étoient que le nom des maladies que ce bain guerissoit ; mais que les Médecins les firent effacer sous prétexte que c'étoit des caracteres Magiques.

Les bains de Tirtola n'en sont pas éloignez, c'est une grotte fort longue, ou si-tôt qu'on entre on commence à suër : mais lors qu'on est au fond de la grotte, on ressent moins de chaleur ; & si l'on en a trop, on n'a qu'à se baisser vers terre où l'on respire une fraîcheur agréable. On prétend que dans le fond de cette grotte, il y a des bains d'une grande vertu, mais qui ne sont pas frequentez, à cause que l'abord en est affreux.

A environ cent pas du Lac Lucrain, on rencontre d'autres bains, les uns froids & les autres chauds : ce sont des Cavernes dans le roc, où l'on a creusé des reservoirs

304 *Voiages historiques*

ITALIE pour s'y baigner. Lors que l'on entre dans les bains froids, on y trouve plusieurs chambres pratiquées dans le roc, où il y a quantité de reservoirs, les uns pleins & les autres secs. On dit que chaque reservoir avoit sa vertu particuliere pour la guerison de diverses maladies; on les reconnoissoit par des statuës élevées proche des bassins, tenant une main sur la partie affligée, & il y en a encore un fort grand nombre.

Bains chauds. Au sortir de ces bains, on monte quelques degrez pratiquez dans le roc, qui vous conduisent à la porte des bains chauds; lors qu'on y a avancé vingt-cinq à trente pas, on trouve un lieu profond

fond, rempli d'eau presque bouillante, & à côté il y a une grotte dans laquelle on ne sçauroit descendre sans suër à grosses gouttes, tant les vapeurs & exhalaisons sont violentes.

Proche de Cuma, qui est estimée la Mere de Naples, & la plus ancienne Ville d'Italie, on voit la grotte qu'on appelle *de la Sibille Cumée*, qui, quoi-que Païenne, prophetisa la naissance de JESUS-CHRIST, & les misteres de son Incarnation. On y entre par une longue & large allée, taillée dans le Roc, qui conduisoit autrefois à la Ville de Cumes. Aprés y avoir marché quatre cens cinquante pas, on trouve à main droite une porte fort basse, qui conduit dans une chambre de quatorze pieds de long & huit de large, dont la voute est peinte d'or & d'asur, & les murailles couvertes de Corail & de Nacres de Perles. A main gauche de cette chambre on trouve une autre porte, par laquelle on entre dans une allée pratiqué aussi dans le Roc, haute de quatre pieds, & longue de quarante. Elle a une chambre à son extrêmité, qui conduit dans trois autres chambres, dans l'une desquelles il y a un petit Lac, & comme il y fait fort chaud, & qu'on n'y est pas longtems sans suër, on conjecture que c'étoit là le bain de la Sibille. Comme tous ces appartemens sont soûterrains, & ne reçoivent de clarté de nul endroit, on doit se munir de flambeaux ou de bougies, & prendre garde de ne pas les laisser éteindre. Comme tous les rochers de cette partie du Roïaume de Naples, sont pleins de grottes ou de cavernes, cela fait croire que ses anciens peuples n'habitoient que des lieux soûterrains.

ITALIE

Aprés qu'on a vû toutes les antiquitez des environs de Puzzole, on prend une Barque pour aller à Baïe, qui en est éloigné d'environ quatre milles, où l'on trouve encore plusieurs curiositez remarquables. On voit quelques restes du fameux Pont de Caligula, qui pour accom-

Baïe.

Pont de Caligula.

plir la prophetie d'un Mathematicien, qui du tems de Tibere prédit que Caligula feroit Empereur, lors qu'il pafferoit à cheval fur le Golfe qui eft entre Puzzole & Baïe. Ce Prince joignit au Pont que les Romains avoient commencé dans cet endroit, deux rangs de Navires, foûtenus par de groffes Anchres, qu'il fit joindre & couvrir par quantité d'ais, fur lefquelles il paffa à cheval & en chariot. Il y en a qui croient que Caligula n'eût pas feulement en veuë l'accompliffement de cette prophetie; mais qu'il fit cette dépenfe pour imiter Xerxes, & pour épouvanter les peuples de l'Europe, qui n'étoient pas encore fous sa domination. Le sable le long de la côte a deux proprietez particulieres, c'est que quoi-que l'eau soit froide, le sable est au fond de la Mer si chaud, qu'à peine peut on le souffrir dans la main, & lors qu'il est hors de l'eau, il devient dur comme Marbre.

ITALIE

Sable extraordinaire.

C'est à Baïe où Agrippine fut poignardée par ordre de l'Empereur Neron son fils, qui eut encore la cruauté de faire ouvrir son corps, pour voir l'endroit où il avoit été enfermé l'espace de neuf mois. Ce malheur fut prédit à cette Princesse long-tems auparavant; car aiant consulté l'Oracle sur la destinée du fruit qu'elle portoit, il lui dit *tu enfanteras*

Tombeau d'Agrippine.

un fils qui sera Empereur, mais qui te fera mourir. A quoi elle répondit, *n'importe qu'il me tuë, pourvû qu'il regne.* Son Tombeau est dans une grotte où l'on a pratiqué un Caveau orné de quelques pieces de sculpture, qui representent cette Princesse avec quelques oiseaux de rapine.

On peut encore voir à Baïe un bâtiment soûterrain, qu'on nomme *Piscina Mirabile*, il a environ cent cinquante pas de long, quarante de large, & trente de haut : Il est soûtenu de quarante-cinq à cinquante pilliers de pierre revêtus de Ciment, ce qui fait croire que c'étoit une Cisterne où les anciens amassoient l'eau de pluie, pour ne pas boire de celle du voisinage, qui est toute minerale.

On voit un autre bâtiment soûterrain, qu'on nomme le *cento Camerelle* ou les cent Chambres, toutes bâties de brique, où l'on mettoit autrefois les Chiourmes des Galeres Romaines, qui hivernoient toûjours à Baïe. Il y a encore une infinité de curiositez aux environs de Puzzole & de Baïe, & sans contredit il n'y a point d'endroit en Europe où l'on voie tant de restes des Temples des Païens, de Tombeaux, d'Amphiteatres, d'Acqueducs, de Grottes, de Palais, &c. Comme il faudroit plus de six mois à un Voiageur, pour visiter toutes ces antiquitez avec exactitude, il me fau-

ITALIE

Les cent Chambres.

droit un volume in folio, pour en faire une description fidelle.

Mais bien que j'abandonne les environs de Puzzole, je ne sortirai pourtant pas du Roïaume de Naples, sans faire encore quelques remarques dignes de la curiosité du Lecteur.

Dans la Contrée de Tarente, il y a une sorte de Lezards, dont la morsure, dit-on, ne peut se guerir que par la danse & le son des instrumens : on ajoûte que ces animaux ne mordent que les gens du Païs, & que ce châtiment leur est venu, parce qu'un jour étant à danser, ils ne voulurent point quitter leurs réjoüissances dans le moment que le St. Sacrement passoit.

La

La terre d'Ottrante est une espece de presqu'Isle, se trouvant environnée des Mers Adriatique & Ionique; ce Païs est fort sujet au dégât des Sauterelles, qui sont poursuivies par certains oiseaux qu'on ne voit pas ailleurs. La Ville d'Ottrante Capitale de cette Province est recommandable par son Archevêché & par son Port, où l'on s'embarque ordinairement pour aller en Grece. Pirrhus conçeut autrefois le dessein de joindre la Grece à l'Italie à l'endroit de cette Ville, par un Pont de Navires, bien que les deux côtes soient éloignées de soixante milles ou vingt-cinq lieuës de France. Ottrante eut le malheur d'être pillée par les Turcs en

1481. mais elle n'étoit pas alors à beaucoup prés si forte qu'elle est aujourd'hui.

Brindes. Brindes est un autre Archevêché & Port fameux, pour le passage de Grece; ce fut jusqu'où Jules Cesar poursuivit, & assiegea Pompée & l'obligea de se retirer en Epire.

Mont St. Ange. La devotion que plusieurs Empereurs & Rois ont eu, pour visiter le Mont St. Angelo, & principalement l'Empereur Otton, qui s'y rendit de Rome à pieds nuds avec toute sa Cour, m'oblige d'en dire un mot en passant. On dit que St. Michel aiant eu une vision dans cét endroit, le choisit pour sa demeure, & y creusa une grotte dans le rocher. On entre dans ce lieu soûterrain par une porte de Marbre, & on y descend par cinquante-cinq degrez aussi de Marbre. On y voit le petit Autel consacré par Saint Michel même & plusieurs autres Chapelles soûterraines. L'Humidité du lieu fait qu'il y distile certaine liqueur douffatre, & il y a une fontaine dont l'eau est souveraine pour la guerison de beaucoup de maladies. La devotion de ce lieu-là, a donné occasion d'y bâtir une Ville & plusieurs Eglises.

Rossane est encore une Ville Archiepiscopale de la Calabre, qui n'a rien de remarquable que son Eglise de Sainte Marie del Patire, où

ITALIE l'on ne laisse pas entrer les femmes; voici la raison que les gens du Païs en donnent: la Sainte Vierge, disent ils, aiant montré à Saint Bartelemi le lieu pour bâtir cette Eglise, elle parût toûjours hors de l'enceinte, pendant le tems qu'on emploia à la bâtir, & commanda à ce St. de n'y laisser jamais entrer de femme, mais de les obliger d'entendre la Messe du dehors; ils ajoûtent qu'estant arrivé que des femmes y étant entrées par curiosité ou par opiniâtreté, il s'étoit d'abord élevé un grand orage, accompagné de pluie, grêle & tonnerre, qui ne finissoit point que ce sexe ne fût sorti, & donné des marques de repentir de sa temerité : ils prétendent que leurs Anceſtres en ont veu pluſieurs experiences.

Salerne Capitale de la Principauté Citerieure, tire ſon nom des petites rivieres de Sale & Erne qui arroſent ſon territoire. Lors que Naples avoit ſes Rois particuliers, leur fils aîné portoit le nom de Prince de Salerne. Il y a une cloche au Couvent des Jacobins, qui ſonne quelquefois ſeule, & on prétend qu'alors il ne manque pas de mourir quelque Religieux de ce Couvent.

Amalfi dans la même Province, s'eſt renduë celebre par l'invention de l'uſage de l'éguille aymantée, & pour avoir la premiere contribué à l'inſtitution de l'Ordre des

ITALIE · Chevaliers de Saint Jean de Jerusalem : elle se vante d'avoir dans sa Cathedrale le corps de Saint André, que le Cardinal Pierre Capoüan y fit porter l'an 1208.

Capouë. Capouë Ville Archiepiscopale dans la terre de Labour, passa autrefois pour la troisiéme Ville du monde, Rome & Cartage étant les deux autres : elle est aujourd'hui située à deux milles de l'endroit où étoit l'ancienne Capouë ; elle n'est plus considerable que par son nom, & par quelques tristes restes de ses anciens Theatres, de ses Acqueducs, de ses Portiques, de ses Temples & de ses voutes soûterraines : elle fut autrefois nommée la retraite de l'orgueil & des delices,

de l'Europe. 319

tant à cause de sa magnifi- ITALIE
cence, que parce que l'armée d'Annibal, dans un seul
quartier d'hiver qu'elle y passa dans les plaisirs & dans la
bonne chere, se relâcha si
fort, qu'elle ne fut plus en
état de resister aux Romains,
qu'elle avoit défaits plusieurs
fois auparavant.

Gaëte est une autre Ville Gaëte.
dans la même Province, qu'E-
née fit bâtir à l'honneur de
sa nourrice Gaëta ; ce qu'on
y voit de plus curieux, c'est
un rocher sur le bord de la
Mer, qui se fendit par le milieu à la mort de Nôtre-Seigneur Jesus-Christ ; on a
pratiqué un escalier dans cette fente, qui conduit jusqu'au
fond de l'ouverture où il y
a une Chapelle. Les étran-
D d iiij

gers vont aussi voir le Château de Gaëte, qui est assez fort & muni de tout ce qui est necessaire à sa défense: On y voit la statuë de Charles de Bourbon connêtable de France, qui étant au service de Charle-quint, fut tué au Siege de Rome; on a mis ces quatre vers Espagnols sur son Tombeau.

Francia me diò la leche,
Espania fuerte y ventura,
Roma me diò la muerte,
Y Gaëta la sepultura.

C'est-à-dire la France me donna le lait, l'Espagne de grands emplois, Rome la mort, & Gaëte la sepulture.

On voit de fort gros Dauphins sur la côte de Gaëte, & à ce sujet je ne puis m'empêcher de rapporter ici pour la conclusion de ce Chapitre, ce qu'on dit être arrivé à un Matelot de Gaëte : On assure qu'aiant pris un de ces poissons, il le conserva en vie dans un petit reservoir, & l'aprivoisa de maniere qu'il se mettoit sur son dos, & le gouvernant de sa seule voix, l'accoûtuma même à se promener dans la Mer avec lui. Qu'un jour ce Matelot s'étant embarqué pour l'Espagne, son Dauphin se sauva pour suivre le vaisseau où il avoit entendu parler son Maître : que le bâtiment aiant fait nauffrage, ce fidelle poisson le distingua parmi ceux qui crioient misericorde, & lui aiant presenté le dos, il le porta à

322 *Voiages historiques* ITALIE travers des vaguës, dans le Port d'où il étoit parti.

CHAPITRE XIII.

Des Isles & Roïaumes de Sicile & de Sardaigne.

Sicile.

Quelques Auteurs ont écrit que la Sicile, qui est la plus grand'Isle de la Mediterranée, avec titre de Roïaume, fut autrefois jointe à l'Italie, & qu'un coup de vent l'en sépara; d'autres disent un tremblement de terre. Elle fut premierement habitée par les Geans, par les Listrigons & les Ciclopes. Elle fut appellée l'Isle du Soleil & *Trinacrie*, à cause de ses trois Caps, de Faro, de Paſſaro & de Bo-co, qui font que l'Iſle eſt de la figure ∆. Sa ſituation eſt entre le trente-ſixiéme & quarantiéme degré de longitude, & ſa latitude s'étend depuis le trente-cinquiéme juſqu'au trente-huitiéme degré. Elle a cent quatre-vingt-dix lieuës de côtes : ſoixante-dix dans la plus grande longueur, & cinquante dans ſa plus grande largeur. Il n'y a que ſept milles du Cap de Faro juſqu'à Seiglio au Roïaume de Naples. Il y en a qui veulent que l'Iſle ſoit ſuſpenduë ſur la Mer, n'étant appuyée que ſur trois pilliers, qui ſont ſous les trois Caps, dont je viens de parler, & diſent pour juſtifier leur opinion, que la riviere

ITALIE

Sa ſituation.

ITALIE de Salſo, qui ſort par un trou du milieu de l'Iſle, vient de la Mer, à cauſe que l'eau en eſt ſallée.

Fertilité. L'air y eſt fort ſain, quoiqu'un peu trop chaud pour les étrangers ; le terroir y eſt ſi fertile en bled, vin & toute ſorte de fruits, qu'on a ſurnommé la Sicile, *le grenier d'Italie*. Le miel, la cire, le ſucre, l'huile, le ſaffran, &c. y attirent un grand trafic : On trouve dans cette Iſle des Agathes, des Emeraudes, du Jaſpe, du Porphire, du ſel, des Mines d'or, d'argent, de fer & autres mineraux ; & ſes côtes ſont remplies de toute ſorte de poiſſon.

Gouvernement. Dans la décadance de l'Empire Romain, la Sicile fut pillée & uſurpée par les

Vandales; les Sarazins s'y é- ITALIE
tablirent enfuite, & n'en furent chaffez par les Nor-
mans qu'en 1070. Charles
de France, Duc d'Anjou,
Comte de Provence, frere
de Saint Loüis, fut invefti
des Roïaumes de Naples &
de Sicile, comme je l'ai remarqué dans le Chapitre
précedent: & les François
en refterent les Maîtres juf-
qu'en 1282. d'autres difent
en 1283. que le jour de Pâques à l'heure de Vêpres, les
Siciliens, follicitez par les A- Vêpres
rogonois, maffacrerent tous Sicilien-
les François dans les Eglifes, nes.
pendant que ceux-ci ne fon-
geoient qu'à prier Dieu; c'eft
ce qu'on appelle les Vêpres
Siciliennes. Depuis les Efpa-
gnols s'y établirent, & en

font encore les poſſeſſeurs, où ils tiennent un Viceroi. Ce peuple a fait paroître dans quelques rencontres, qu'il voudroit être délivré du joug les Eſpagnols, & rentrer ſous la domination du Roi de France leur ancien Maître; mais leurs trahiſons, leurs diſſimulations, leur inconſtance & leurs autres vices, les ont empêché d'y réüſſir, & font croire qu'ils reſteront encore long-tems dans l'eſclavage.

Les piſtoles d'Eſpagne, les piaſtres & les realés, ainſi que les ſequins de Veniſe, ont cours en Sicile, pourveu que toutes ces eſpeces ſoient de poids; on n'y bat que des tarins. La piſtolle d'Eſpagne vaut quarante tarins, & le

Mœurs es Siciliens.

Monoies

sequin de Venise vingt-qua- ITALIE
tre ; chaque tarin vaut environ cinq sols de France. Lors
qu'on y fait quelque paiement, on compte tout par
onces, & par une once on
entend trente tarins, qui font
sept livres dix sols de France.

Une des coûtumes qu'on Coûtu-
garde en Sicile, & qui nous mes.
paroît ridicule en France, est
que les femmes, ni même
les hommes, s'ils n'ont de la
barbe au menton, ne peuvent
pas loger dans les auberges,
à moins qu'ils ne soient connus particulierement de quelque personne de probité du
lieu, ou qu'ils ne soient mu-
nis d'attestations & certificats
autentiques. Il y a des gardes ordonnées pour aller la
nuit dans les auberges, visi-

ter les lits afin de voir s'il n'y a point de menton sans barbe. On y arrête tous ceux qui marchent dans les ruës deux heures aprés nuit close, & ceux qu'on trouve sont mis à l'amande, si la cause de leur sortie à heure indûë ne les exemte. Cette Isle est peuplée de tant de voleurs, qu'il est difficile de sortir à demi lieuë des Villes, sans être dévalisé & peut-être égorgé : aussi n'y voiage-t-on par terre que par caravanes, ou avec bonne escorte, encore faut-il prendre garde que les gardes qu'on vous donne ne soient eux-mêmes des voleurs. On n'expose rien en vente en Sicile, soit dans les marchez, soit dans les boutiques, que les Commissaires

missaires de police n'y aient ITALIE
auparavant mis le prix ; &
ce seroit un crime irremissible si un marchand ou un païsan avoit vendu ses marchandises ou danrées au-delà du prix reglé.

La plûpart des Siciliens & Habillemens. ceux qui habitent les côtes de la Calabre, portent un bonnet de poil de chévre sans apprêt, leurs cheveux nattez par derriere, un pourpoint à grandes basques, point de cravate ni rabat, les haut-de chausses fort étroites, un manteau de l'étofe dont les ramoneurs Savoiards sont vêtus, qu'ils troussent sous le bras gauche, aiant l'épée & le pistolet au côté ; leurs souliers sont faits d'une coine de lard bien conroiée, qui dure

ITALIE long-tems ; mais les pauvres gens n'ont qu'une femele d'écorce d'arbre attachée avec des cordes. Les gens de qualité ont des escarpins à l'Espagnole, dont ils conservent & pratiquent la plûpart des manieres.

Palerme. Palerme Ville Archiepiscopale, est la Capitale du Roiaume & le séjour du Viceroi, dont le train est plus superbe que celui du Roi d'Espagne son Maître. L'air doux & temperé, le port de mer, les fontaines & la magnificence des bâtimens, ne contribuent pas peu à rendre le séjour de Palerme agreable, & c'est aussi celui de la principale Noblesse de l'Isle. Dans la grande place qui regarde le Palais, on voit la

Statuë de Philippe IV. sur un piedestal, où sont representées les victoires de ce Monarque, soûtenuës par quatre figures qui representent les quatre vertus, le tout de marbre blanc. Dans une autre place on voit la Statuë en bronze de Charle-quint sur un piedestal de marbre. Dans le carrefour que forment la ruë neuve & la ruë de Caſſaron, qui sont les deux plus belles de Palerme, on voit un Palais, une belle fontaine & quatre Statuës des Rois d'Espagne, qui font le plus bel ornement de la Ville; ces Statuës sont celles de Charlequint, Philippe II. Philippe III. & Philippe IV.

Dans la place vis-à-vis du Palais de la Justice, il y a

ITALIE une fontaine, qui, à juste titre, passe pour la plus belle qui soit en Europe : elle est composée de plusieurs bassins les uns sur les autres, separez par des galeries où l'on monte pour admirer la diversité des gros animaux qui y jettent l'eau d'une maniere differente ; le tout est de marbre, orné de quantité de figures de même matiere.

Mont Peseg rin.
Aprés avoir vû ce qu'il y a de curieux à Palerme ; les voiageurs vont visiter le Mont Peregrin, où aprés avoir monté environ trois mille, on trouve une caverne à peu prés semblable à celle de la Sainte-Beaume en Provence : elle servit de retraite à Sainte Rosalie, & on dit que la fontaine de cette grote a la pro-

priété de guerir plusieurs maladies.

Quoique la Ville de Mont Real ne soit éloignée que de quatre milles de Palerme, elle ne laisse pas d'avoir un siege Archiepiscopal. On découvre delà, neuf petites Isles qu'on appelle Lipari, du nom de la plus considerable ; deux desquelles, sçavoir celles de Volcano & de Stromboli, ne sont point habitées, parce qu'elles jettent continuellement des flâmes ou de la fumée, ce qui les a fait surnommer les Isles brûlantes de Sicile.

Il ne faut pas confondre ces Isles avec le Mont Ætna, vulgairement Mont-Gibel, la plus haute Montagne de Sicile ; qui quoique presque toûjours couvert de neige, ne laisse pas de jetter continuellement des flâmes qui sortent de son sommet comme d'une grande fournaise. Ce gouffre pousse des cendres avec tant de vehemence, que la campagne à trois lieuës à la ronde, en est souvent endommagée ; mais si elles sont en mediocre quantité, la terre s'en trouve engraissée. La Ville de Catania qui est la plus proche de cette Montagne, a souffert plusieurs embrasemens causez par ce goufre infernal, quoiqu'elle en soit à prés de vingt milles. Plusieurs personnes qui ont voulu penetrer jusqu'au sommet du Mont-Gibel, se sont perdus dans les neiges ou dans les cendres : Il s'y

fait de tems à autre de nou- ITALIE
velles crevasses avec un bruit
si épouventable que tout le
Païs en est alarmé : C'est aux
environs du Mont-Gibel, où
quelques-uns veulent que la
Déesse Cérés commença à
faire venir du bled, & on y
montre aussi les prairies où
Hercule faisoit paître ses
bœufs.

 Le Lac *Naphtia* proche de   Lac
Catania, est fameux, à cause Naph-
que ses eaux sont si puantes, tia.
qu'elles empoisonnent l'air
voisin, & altérent fort la san-
té des Habitans de son voisinage.

 Il y a un autre Lac proche   Lac de
de Castro-Joanne, qu'on dit Proser-
être sans fond : on l'appelle pine.
le Lac de Proserpine, pré-
tendant que ce fut dans cet

endroit là, où Proserpine fut ravie par Arion.

Messine est une Ville Archiepiscopale, fameuse à cause de son Port, proche le Cap de Faro, aussi fait elle presque tout le commerce du Roïaume, ce qui y attire toutes les Nations étrangeres. On voit dans la grande place une statuë de bronze de Philippe IV. sur un cheval de même matiere, élevé sur un piedestal de Marbre, le tout orné de bas-reliefs, qui representent ses plus glorieuses Actions. Il y a une inscription Françoise, sur la porte d'une Tour proche la Metropolitaine, où l'on lit *Grand-Merci à Messine*, en memoire, dit-on, de ce que les François commencerent de de se rendre Maître de la Sicile, par la Ville de Messine.

ITALIE

Il y a plusieurs tournans ou abîmes d'eau sur la Mer, aux environs de Messine, entre autres celui de Charibde, fameux dans les Poëtes Latins. Ce tournant a environ trente pas de Diametre, qui est ordinairement couvert d'écume, de joncs & autres immondices de la Mer, qui s'y vont précipiter : Cependant les Mariniers Messinois s'y promenent souvent avec des Barques plates, où après plusieurs tours, ils s'en retirent à force de rames.

Abîme de Charibde.

Le Canal qui separe les Roïaumes de Naples & de Sicile, a un flux & réflux fort rapide de six en six heu-

Flux & reflux.

res, qui entraîne les vaisseaux pour fortes que soient leurs Anchres, ce qui fait périr beaucoup de bâtimens.

Saragouse étoit autrefois estimée la plus grande & la plus superbe Ville de l'Univers ; Athenes se vit abandonnée de la plûpart de se Habitans, pour s'allér établir à Saragouse, & les plus beaux édifices de Rome, ne sont ornez aujourd'hui que de ses dépoüilles. Le plus beau reste de son antiquité, c'est l'Aqueduc taillé dans le Roc, qui conduit l'eau sur son Port, aiant plus de dix milles de long. On voit hors la Ville la fontaine d'Arethuse, qui sort en tres-grande abondance d'un rocher au bord de la Mer ;

on dit qu'elle vient de la terre Sainte, par un Canal sous les abîmes de la Mer. La plus grande preuve qu'on en allegue, c'est qu'un Pelerin puisant un jour de l'eau avec son écuelle dans la riviere d'Alphée, qui se perd en terre proche le Peloponnese, la laissa tomber dans la riviere, & la perdit avec un regret incroyable, parce qu'il y avoit caché sept Pistoles pour des besoins imprevûs : que s'étant embarqué pour revenir en Europe, il aborda en Sicile, & s'étant approché de la fontaine d'Arethuse pour boire, il y trouva son écuelle flottant sur l'eau, qu'il reconnut non seulement aux sept Pistoles; mais aussi à plusieurs autres remarques.

ITALIE

Grotte de Denis.

La grotte de Denis le Tiran, n'est pas éloignée de Saragouse; elle est encore plus considerable que toutes celles de Puzzole; car on y voit une Ville entiere taillée dans le roc, avec des ruës soûterraines, des Palais, des places, & autres édifices admirables: mais il faut être conduit par quelque Anticaire habile homme, qui en connoisse tous les détours, & faire provision de mêches & de flambeaux.

Il y a plusieurs autres Isles entre la Sicile & les côtes de Barbarie, comme Malthe, Gozes, Limose, Lampadouse, &c. Mais comme elles sont

Isle de Lampadouse

plûtôt à l'Afrique qu'à l'Europe, je n'en parlerai pas ici; cependant je ne puis me dispenser de remarquer, que dans cette derniere, il y a une Chapelle où l'on trouve toute sorte de rafraîchissemens pour les gens de Marine, & tout ce qui est necessaire à la navigation, comme biscuit, cordages, ancres, voiles, huile, bois, fer, poisson, étoffes, &c. & tous ceux qui passent prés de cette Isle, & qui ont besoin de quelqu'une de ces choses, vont le prendre dans cette Chapelle, & y laissent l'équivalant en d'autres danrées, dont leur vaisseau se trouve le mieux pourvû : Toutes les Nations & les Turcs mêmes, y vont prendre ce qui leur est necessaire, & on dit, que s'ils avoient manqué de laisser la valeur de ce qu'ils prennent, les vaisseaux

ITALIE ne pourroient pas faire chemin, quoi-qu'ils eussent le vent favorable. On assure qu'on en a veu plusieurs expériences : Quoi qu'il en soit, cette Chapelle est creusée dans le roc, & à quelques pas de-là, il y a une source d'eau douce fort excellente, qui se conserve très-long-tems en Mer.

Sardaigne. A l'égard de la Sardaigne, je n'en ai aucunes remarques considérables, dont le Lecteur pût tirer quelque satisfaction : Je dirai seulement que c'est une Isle avec titre de Royaume de la Méditerrannée, appartenant au Roi d'Espagne, qui y tient un Viceroi ; que l'air y est si grossier qu'on y envoioit autrefois en exil les personnes, dont on vouloit se défaire; & enfin qu'il y a des Dogues plus puissants que ceux d'Angleterre, & une si grande quantité de rats, que le Roi d'Espagne a enjoint à tous les proprietaires des maisons, d'entretenir autant de chats qu'il y a de chambres dans leurs logemens.

Les anciens Sardes avoient une Loy, qui ordonnoit aux fils de tuër leurs peres à coups de batons, lors qu'ils étoient cassez de vieillesse, de peur que la foiblesse de leur esprit ne les portât à commettre quelques fautes préjudiciables à leur famille ou à l'Etat.

Ce Traitté étoit sous la presse, lors que nous avons reçû à Paris la nouvelle d'un

ITALIE éffroyable tremblement de terre, qui est arrivé en Sicile, & qui s'est fait ressentir sur les côtes de Calabre & dans l'Isle de Malthe, où il a causé de fort grands ravages: Comme je n'ai pas encore été éclairci des changemens que ce desordre a pû causer, à ce que j'écris dans ce Chapitre, j'ai jugé à propos, pour n'en pas retarder l'Impression, de dire seulement en substance que ce tremblement commença le neuviéme Janvier à cinq heures de nuit, & dura environ trois minutes ; qu'il recommença le dixiéme à vingt-une heure, & fit beaucoup plus de mal que le précedent : Et que le onziéme à dix-sept heures, il reprit avec plus de violence,

& causa un dommage si général qu'il y eut peu de maisons qui n'en fussent renversées, ébranlées ou entr'ouvertes. Les Villes d'Agousto, Catania, Saragouse, Modica, Calatagirone, Lentini, Carlentini, sont celles qui ont le plus souffert, sur tout les deux premieres, qui ont été entierement abîmées, n'y étant resté que quatre à cinq maisons debout, à ce que marquent toutes les Lettres qu'on a reçûës de Naples & des autres endroits d'Italie; qui ajoûtent que le Mont-Gibel s'est ouvert dans un endroit nouveau, & a fait un Goufre d'environ une grande lieuë de France de circuit : que le feu du ciel avoit fait sauter le Magazin à poudre d'Agouste; que sur la nouvelle de cet horrible évenement, le grand Maître de Malthe y avoit envoié des Galeres avec des provisions, des tentes & des planches pour soûlager ce pauvre peuple; mais qu'étant prés du Port de Saragouse, ils trouverent que la Mer s'étoit retirée de plus de six Toises, & le tonnerre & les éclairs qui mirent le feu à une de ces Galeres, les obligerent de retourner à Malthe: que le lendemain le grand Maître les fit repartir avec un beau tems & un vent favorable; mais que lors qu'elles approcherent les côtes de Sicile, la tempête recommença avec tant de violence, qu'elles furent encore obligées de rebrousser chemin: & qu'enfin il y avoit eu plus de cent cinquante mille personnes écrasées sous les ruïnes des maisons, sans parler d'une infinité qui ont péri de faim & de misere à la Campagne.

CHAPITRE XIV.

De l'Isle de Corse.

Cette Isle est située au Septentrion de celle de Sardaigne, dont elle n'est separée que par une heure de trajet, entre le quarante & quarante-deuxième degré de latitude, & le trente-un & trente-deuxième de longitude. Sa plus grande étendue à la prendre du Midi au Septentrion, est d'environ

ITALIE quarante lieuës & vingt de large, & environ quatre-vingt-dix de circuit. On dit que cette Isle tire son nom de celui d'une femme de Ligurie, nommée *Corsa Bubulca*, qui y conduisit une Colonie de son Païs.

L'Isle de Corse appartient aux Genois, depuis l'année 1559. qu'Henri II. la leur céda à la priére des Espagnols aprés la bataille de Saint Quentin; cependant le peuple n'aime pas cette domination, & les Genois qui craignent leur revolte, ou que quelque Puissance étrangere ne s'en empare, font ce qu'ils peuvent pour la rendre deserte, & publient avec un peu d'affectation, que l'air y est trop mal sain pour les gens qui n'y sont pas nez, & que la terre est si ingrate, qu'à peine rend-elle la semence qu'on y jette. Cependant il est certain qu'il y a de la malice ou de la paresse en cela, puisqu'on y recueille du bled, du vin & toute sorte de fruits, plus qu'il n'en faut pour nourrir ses habitans; qu'elle produit des chevaux, du bois pour la construction des vaisseaux & des galeres; qu'on y trouve des mines d'or, d'argent, de cuivre, de fer & de plomb; qu'il y a plusieurs lacs & rivieres poissonneuses, des bains & des fontaines minerales, dont celle de Povera dans la Province d'Ampugnano guerit l'hidropisie, & qu'on pêche du coral sur ses côtes.

D'ailleurs cette Isle pourroit devenir fort marchande, veu qu'elle ne manque pas bons ports de mer, dont les meilleurs sont ceux de San-Fiorenzo, d'Ajacio & de Portovecchio, capables de contenir de grandes armées navales. Le premier fut autrefois fortifié par les François, mais les Genois en ont démoli les meilleurs ouvrages, n'aiant laissé que les fondemens qui sont de pierre vive.

Les Corses sont bons soldats, fort robustes, mais d'ailleurs oisifs & si vindicatifs, qu'ils laissent en mourant à leurs parens, le soin de vanger leurs injures par toute sorte de voies. Quoi-qu'il y ait cinq Evêchez dans cette Isle, il n'y a qu'une seule Ville un peu confiderable, qui eſt celle de la Baſtie; auſſi en eſt-elle la Capitale, & le ſéjour du Gouverneur que le Senat de Genes y envoie. Il n'y a que cinq cens hommes à la ſolde de la République pour la ſeureté de toute l'Iſle; ainſi il ne ſeroit pas difficile de la ſurprendre, ſi elle venoit à ſe broüiller avec ſes voiſins, principalement avec ceux qui la ſurpaſſent en forces maritimes.

FIN.

www.ingramcontent.com/pod-product-compliance
Lightning Source LLC
Chambersburg PA
CBHW050255170426
43202CB00011B/1695